U0511432

绿色就业的技能需求预测实用指南

国际劳工组织 组织编写

〔爱尔兰〕孔·格雷格 等 著

何东 译

商务印书馆
The Commercial Press
创于1897

本作品（Anticipating Skill Needs for Green Jobs: A Practical Guide）英文原版由国际劳工局，日内瓦出版。

原作品著作权归属 © 2015 国际劳工组织

中译本著作权归属 © 2020 深圳职业技术学院

经许可翻译复制。

国际劳工局出版物中所用名称与联合国习惯用法保持一致，这些名称以及出版物中材料的编写方式并不意味着国际劳工局对任何国家、地区、领土或其当局的法律地位，或对其边界的划分表达意见。

署名文章、研究报告和其他文稿，文责完全由其作者自负，其发表并不构成国际劳工局对其中所表示的意见的认可。

本文件对商号名称、商品和制造方法的提及并不意味着其为国际劳工局所认可，同样，也不意味着国际劳工局对未提及的商号、商品或制造方法不认可。

国际劳工局对中文译文的有效性或完整性不承担任何责任，对任何不准确性、错误或遗漏或因使用该译文造成的后果不承担任何责任。

本书作者

孔·格雷格（Con Gregg）
奥尔加·斯特里茨卡·伊利娜（Olga Strietska-Ilina）
克里斯托夫·布德克（Christoph Büdke）

世界职业教育学术译丛
出版说明

　　自《国务院关于大力推进职业教育改革与发展的决定》颁布以来，我国职业教育得到了长足发展，职业教育规模进一步扩大，职业教育已经成为国家教育体系的重要组成部分。为了更好满足社会经济发展需要，建设更多具有世界一流水平职业院校，商务印书馆与深圳职业技术学院共同发起、组织、翻译、出版了这套学术译丛。

　　我馆历来重视移译世界各国学术著作，笃信只有用人类创造的全部知识财富丰富自己的头脑，才能更好建设现代化的社会主义社会。为了更好服务读者，丛书主要围绕三个维度遴选书目。一是遴选各国职业教育理论著作，为职业教育研究人员及职业教育工作者提供研究参考。二是遴选各国职业教育教学模式、教学方法等方面的书目，为职业院校一线教师提供教学参考。三是遴选一些国际性和区域性职业教育组织的相关研究报告及职业教育发达国家的政策法规等，为教育决策者提供借鉴。

　　深圳职业技术学院为丛书编辑出版提供专项出版资助，体现了国家示范性高等职业院校的远见卓识。希望海内外教育界、著译界、读书界给我们批评、建议，帮助我们把这套丛书出得更好。

商务印书馆编辑部

2022 年 6 月

目　录

前　言

气候变化和环境退化已被公认为全球变化的驱动因素。它们和技术变革、全球化、人口结构变化以及其他驱动因素一起对就业和技能需求的变化产生了显著影响。转向绿色经济将会为引进新的清洁技术、绿色投资和就业创造机会。然而，对于气候变化和环境退化，因受到人力资本短缺的限制，目前尚无法部署所需的技术解决方案。同时，环境变化和以生产过程绿化为目标的政策法规都会对某些行业产生不利影响，并有可能造成人员失业。此外，劳动力市场上的技能不匹配也会给个人、企业、行业、经济和社会带来高昂的成本。技能不匹配往往会导致失业、培训投资收益较低、生产力下降以及投资和创造就业的机会丧失。鉴于教育和培训的设计与实施需要一个较长的准备时间周期，现在有必要较好地掌握未来所需的技能。为已有的、新出现的和未来才产生的职业确定和提供恰当的技能，有助于我们顺利转换到绿色经济，挖掘巨大的就业潜力，并确保新的机会惠及更大范围的社会成员。

在此背景下，2008 年，国际劳工局与联合国环境规划署（UNEP）、国际工会联合会（ITUC）和国际雇主组织（IOE）合作，发起了"绿色就业倡议"（Green Jobs Initiative）。随后，国际劳工局实施了若干研究项目。国际劳工局的"绿色就业技能项目（2009—2011）"囊括了21 个国家的背景分析和近 150 个案例研究（Strietska-Ilina et al., 2011）。最终形成了一份综合报告，以说明在绿色结构转型的背景下，各国应如何确定和应对新兴职业的要求，以及已有职业的新技术要求。2010 年，国际劳工局与欧洲委员会（European Commission）缔结了一项关于在早期确定低碳经济技能需求方面共享知识的联合管理协议。该项目在对全球 30 多个国家的案例进行研究的基础上，取得了重要的科研成果。其中涉及绿色建筑和可再生能源这两个行业的技能和职业需求，以及在向绿色经济过渡的劳动力市场上确定技能需求的方法（参见 ILO, 2011a, 2011b, 2011c）。

　　本指南建立在已有研究和实际应用的基础上，有助于为绿色经济和绿色就业界定当前的技能需求，预测未来技能需求。本指南旨在帮助研究人员和分析人员，它涉及定性和定量方法、数据分类和来源、研究过程和制度安排。最近举行的"可持续发展、体面劳动和绿色就业三方专家会议"（日内瓦，2015 年 10 月 5 日至 9 日）一致认为，"各国政府与社会合作伙伴协商，应该……高度重视政策并分配资源，以确定和预测不断演变的技能需求，审查和调整职业技能描述（profiles）"（ILO, 2015b）。在之前的讨论中，国际劳工大会（ILC, 2013）可持续发展三方委员会得出结论，充足的劳动力市场信息和充分的社会对话对于确定当前和未来的技能需求至关重要（ILC, 2013）。

　　我想借此机会感谢本指南的编者们，也特别致谢国际劳工局的技术专家孔·格雷格（Con Gregg）（主要作者）和奥尔加·斯特里茨卡·伊莱娜（Olga Strietska-Ilina）（共同作者和团队负责人）。我希望本指南能做出有益的贡献。

吉尔马·阿古纳（Girma Agune）
代理部长，国际劳工局就业政策部技能和就业能力分部

致　谢

　　本指南的作者要感谢国际劳工局同事哈娜·瑞霍瓦（Hana Rihova）的宝贵投入和建议，感谢舒瓦西什·沙尔玛（Shuvasish Sharma）对将技能纳入马来西亚绿色就业评估的个案研究所做出的贡献，感谢克里斯托夫·恩斯特（Christoph Ernst）和马雷克·哈尔斯多夫（Marek Harsdorff）对定量技术的建议，感谢卢林·维拉科尔塔（Lurraine Villacorta）和穆斯塔法·卡马尔·盖伊（Moustapha Kamal Gueye）的迅速审查和重要建议，并感谢其他同事的有益评论和建议。

绪　论

可持续发展已成为不同发展阶段国家的重大政策议题。要使可持续发展政策在环境、社会和经济产出方面取得成功，关键是确保在需要的时间和地方能有合适的技能供应。

可持续发展意味着用不同于传统的方式办事，具体怎么不同，取决于具体国家的具体情况。各国面临不同的挑战，并选择以不同的方式予以应对。本指南聚焦于理解和衡量技能对这些挑战和应对选择的影响。

向绿色经济和可持续发展的过渡导致了经济转型和就业转变。新的工作和工作任务需要不同的技能。全面而合理过渡的关键是帮助企业适应变化，并使现有和潜在的劳动力掌握相应的技能，以减少失业，使受到影响的人接受再培训。因此，预测技能需求变得至关重要。

技能上的影响并非一朝一夕就能消除的。设计相关的培训并让足够数量的人员接受这种培训需要时间，有时甚至需要数年之久。本指南就如何构思和进行研究来预测现有的和未来的绿色职业的技能需求，提供了建议。然而，它远未规定如何精心计算和规划所需劳动力的具体方法。相反，本指南将定性和定量方法结合起来确定技能需求，并简要涉及与定性方法相关的就业预测模型。

成功地确定和预测绿色经济和绿色就业所需的技能（以下简称"绿色就业技能"[①]）往往意味着利益相关方必须调整其现有的技能战略方

[①] 术语"绿色就业所需技能"的定义很宽泛，它指的是成功完成绿色就业任务并使任何就业更加绿色的所有必要技能。它包括核心技能和技术技能，涵盖了环境活动和棕色行业中有助于产品、服务和过程绿化的各类职业。

法。可持续发展推动了各种行业和职业对新技能的需求，而这些需求与过去不同。即使一个国家已经建立起了完善的技能确定和预测机制，这些机制也不一定能在绿色就业方面正常运作。这是因为在向绿色经济转型的过程中，绿色就业成为了一个不断变化的目标，而相关的劳动力市场信息却很匮乏。

推动一个行动领域的可持续性发展所需技能的提供，可以创造一种新职业需求，或在现有职业中创造一种非常独特的新专业化需求或一套新技能需求。推行可持续性发展所需的重要技能的水平范围常常跨度很大，从高级别的政策、管理和专业人员，到技术人员、辅助专业人员、熟练手艺人、行政人员、熟练的农业从业人员，不一而足。在大多数情况下，所需人数最多的层次是从操作人员到技术人员，但更高级别的高素质技能的存在，对有效的规划、领导和实施也很重要。转向更加可持续的经济可能会影响从事某一特定职业所需的技能，即使该职业的职位数量保持不变。同理，转向绿色经济可能会在不改变其技能构成的前提下，增加对某些职业的需求。

在绿色就业方面，无论是确定当前所需技能，还是预测未来所需技能，都需要进行研究和分析。相关研究课题的范围很广。研究可以考量整体经济，也可以考量特定的行业、职业，或者仅仅考量政府或其他利益相关方实施特定举措所需的具体技能。其研究重点可在国家层面、国际层面或国内层面上展开。研究可以按职业类别或所需技术和核心技能来考量技能需求。研究可以量化所需技能，也可以定性研究技能需求，以及这些技能如何满足可持续发展的需要，或结合定量和定性分析。研究可只考量技能需求，也可关注技能供给的来源，如提供相关领域的教育和培训，从其他经济领域招募有相应技能的工人，或引进人才。

研究绿色就业技能涉及的问题多种多样，因此也需要各种各样的研究方法。因此，本指南所倡导的方法与其说是一种单一的规范性方法体系，还不如说是一系列可能用到的具体方法。具体方法的选择将取决于研究目标和具体问题（见表1.1）。

编写本指南时主要考虑到国际劳工局进行技术支持的需要。除此之外，它还可被用作一种资源，以支持国际劳工组织向国家级机构传递技能预测的知识，并作为一种能力培养工具。本指南结构可简要概括如下：

第 1 章　确定研究问题及方法
- 有多少职位？需要什么技能和职业？需要哪种训练和教育？
- 哪种方法（定性、定量、定性和定量）适合回答研究问题？

第 2 章　绿色就业的定义和分类
- 如何界定绿色就业和绿色职业，如何划分行业？

第 3 章　选择数据来源
- 什么数据来源是合适的，例如劳动力调查、企业调查或访谈？

第 4 章　"整体经济"研究方法
- 逐步引导整体经济中的技能需求研究

第 5 章　具体行业的研究方法
- 逐步引导针对行业级别开展的技能预测研究

第 6 章　研究过程
- 关于如何在国际劳工组织技术支持范围内进行研究的建议

第 7 章　技能确定和预测的制度安排
- 哪种制度安排适合预测可持续发展的技能？

第 1 章　确定研究问题

第 1 节　引言

在规划绿色就业所需技能的研究时，必须明确回答要研究的问题。在某些情况下，可以直接界定研究范围；在其他情况下，可能需要与利益相关方进行重要协商，也需要研究人员和承担研究的组织对此进行认真考虑。

在绿色就业所需技能的问题上，并没有一套所谓正确的答案。研究人员会在实践中处理形形色色的问题，这是由政策重点、体制问题和数据可用性的限制所决定的。同样，研究可能会在国家、国际或国内等层面上进行。它可能涉及整体经济领域或一至多个行业的绿色就业所需技能。

第 2 节　技能问题类型

产生的问题主要有以下几种类型。每一个问题的提出都可以是在所关注地区的整体经济层面或具体行业层面上的。

与技能相关的主要问题类型如下。

- 现在和未来涉及多少职位？这个问题与就业增长的地区、就业减少的地区以及就业净变化可能最小的地区都有关系。

- 现在和未来需要哪些技能？关于技能的问题可以是定量的，也可以是定性的，或者两者兼有。在回答定性的技能问题时，经常把专业（occupation）作为技能的一个代名词。

- 现在和未来需要什么培训和教育？同样地，问题可以是定量的，也可以是定性的，或者两者兼有。

现在和未来涉及多少职位?

一般来说，这个问题可以分为三个层次——直接就业、间接就业和诱发就业。直接就业是指在所研究的活动中就业。间接就业是指由于所研究的活动而在供应商和价值链其他地方的就业。诱发就业是指在更广泛的经济中，由受雇者直接或间接消费而产生的就业。

对诱发就业进行有根据的预估工作既复杂又费力，这有可能会导致决策者倒向直接就业和间接就业的预估。然而，在向低碳经济过渡对就业总体影响的测量成为政策旨趣的情况下，这三个层次都是密切相关的。

表 1.1　绿色就业所需技能研究中主要问题概览

		一些关键问题	整体经济	行业
职位	定量—直接	现在和未来有多少直接就业?		
	定量—间接	现在和未来有多少间接就业?		
	定量—诱导性	现在和未来有多少诱发性就业?		
职业和技能	定量	每种职业有多少人? 由此产生的技能需求是什么?		
	定性	哪些职业? 应该如何界定这些职业? 职业之间的界限在哪里? 哪些技能和能力? 它们与职业有什么关系?		
培训与教育	定量	目前可供招聘的具有适当技能、受过相应培训的人员有多少? 目前可供招聘的新培训人员的流动情况如何? 今后需要怎样的供应来填补新的职位空缺、替代离职工人? 有多少人因受失业影响而需要接受再培训?		
	定性	有哪些技能来源? 需要什么类型的培训和教育才能满足绿色就业的需求, 并提高在绿化过程中失业人员的就业能力? 如何提供技能?		

如果研究人员感兴趣的问题主要是估计职位数量，而非同时考量技能、职业、培训或教育等因素，那么本指南并不适用。相反，他们应该使用国际劳工组织的《发展中国家绿色就业潜力评估——从业人员指南》（Jarvis et al., 2011）和《绿色就业评估方法》的相关政策简报（ILO，2013g）。同时，国际劳工组织正在推广职业和技能评估之间的综合方法。关于如何将技能需求评估纳入绿色就业评估举措的讨论可参见下文第 4b 小节。

现在和未来需要哪些技能和职业？每种职业需要多少人？

这些问题同时包括定量和定性两方面，就向低碳经济过渡的大多数目的而言，必须针对这两方面做出良好回应。然而，这两者之间的适当平衡却是变动不居的。图 1.1 举例说明了职业需求变化的情况类型。

由于单项研究很难实现方法的适当平衡，因此研究人员和研究委托人员必须在研究设计阶段明确考虑他们的重点是什么。

研究的性质和范围可能有所不同，而这取决于研究重点是在某行业层面还是在整体经济层面。以整体经济为重点的研究不可能像典型的技能行业研究那样深入探讨每个行业。只有后者才能详细了解某行业劳动力市场上所需的具体技能和能力。

同时，从行业角度分析整体经济可能存在因总体经济计算所涉及的累加项之间区别过大而造成结果不准确的风险，且总和不能代表整体。这可能会导致某些行业技能需求的缺失或被误解，如政府和公共管理行业。在这些例子中，将以整体经济层面为重点的定量和定性研究相结合可能会更合适。

现有职业需求的变化

- 某些技能领域需要有从事现成职业的人员，而无论他们是否具备与实施绿色过渡相关的某些专业知识。

  例如：在预计对公共交通行业投资作为经济绿化的部分措施时，该行业的职业需求将会增加。

- 主要问题是定量的——多少人即将就业，职业将需要多少新进入者？

职业变化

- 在某些领域，需要的是那些非常适合一至多个现有职业分类的人，但他们所需的技能组合和在这些职业中从事传统工作的人相比有着显著差异。

  例如：绿色水管工和绿色电工，他们的技能侧重于安装技术，如太阳能热水器或太阳能光电系统，以及水和节能技术方面的技能。

- 在这些例子中，定量和定性问题都很重要。

新兴职业

- 有些技能领域需要具备新技能组合的人，从而相当于新职业。

  例如：能源管理和碳核算。另一个例子是专业的太阳能热水器安装人员，他们的技能组合侧重于管道内的特定区域，其中不乏屋顶等区域的结构性技能。

- 在这些例子中，良好的定性研究是非常重要的，尽管最好也能在量化需求上做出努力。

各类职业的新技能需求

- 某些技能领域需要补充其现有技能。

  例如：道路工程师与可持续运输经济学，运营经理和碳管理，水管工和供暖工程师与平衡供暖系统。其他例子包括可能与各种职业相关的核心技能，如环境意识和系统风险分析。

- 在这些例子中，关键在于良好的定性研究。如果相关领域的新技能需求能够被纳入现有的初始教育以及继续教育和培训体系中，那么就可能无须在政策层面确定需要发展技能的人数。

图 1.1　职业和技能的定量和定性问题

现在和未来需要什么培训和教育？有多少人在接受培训或需要培训？

同样，这些问题同时包括定量和定性两方面，而这两者之间的适当平衡有所不同。确定技能最重要的政策原因是通过教育和培训来激发和了解反馈信息（responses）。

由于课程设计和开发的制度安排不同，技能研究所需要的信息也不同。在有持续的课程开发安排的地方（例如在丹麦或德国），可能只需要技能研究来提供宏观的指导，诸如正在发生的变化、新兴技能需求是什么以及可能需要多少技能等问题。如果现有的课程开发流程不如这些国家成熟，那么就可能需要进行技能研究以提供非常详细的指导。在职业技术教育与培训层面，这种指导往往是在最初开发新职业和升级现有职业体系的情况下进行的。

应该考虑到教育系统的各个部分，即各级初等教育、继续职业培训和其他形式的成人教育。为满足教育和培训需求而采取的行动各不相同，包括从开发全新职业到为特定职业的人群引入短期非正式培训方案。在考虑培训需求时，研究人员不仅要关注已确定的技能需求，还要关注当前劳动力和总体的技能需求，以及如何才能使其与已确定的技能需求更好地联系起来。

第 3 节　将技能研究问题与战略、愿景和政策措施相匹配

技能发展战略只有与更广泛的国家或行业战略相联系时，才能更有效地满足劳动力市场的需求（ILC, 2004; ILC, 2008）。国际劳工组织早前的研究表明，技能政策和环境政策依旧经常被孤立地处理，缺乏一致性和协调性（Strietska et al., 2011）。为了使绿色就业所需技能的研究变得有用且有意义，必须将其与具体战略以及使这些战略取得成功所需的具体活动联系起来。

关于绿色就业所需技能的行业层面的实用研究，通常与某种战略或愿景联系在一起，可在未来发展该行业的可持续性和绿色生产实践。在某些情况下，有现成的规划或愿景可以用作研究的起点。而在其他情况下，技能研究是作为计划制定过程中的一部分进行的。

重要的是，要明白制定行业可持续性战略不在本指南范围之内。因此，首要任务是确定可用的或准备中的战略文件，这些文件可以成为一

个有用的框架以及技能影响分析的起点。然而在某些情况下并没有现成的规划或愿景，因此技能研究人员必须对未来可能出现的情况做出预判（或愿景、战略概要），以此作为技能影响研究的第一步。

即使在行业层面没有详细的战略，国家也可能制定了对不同行业有一定影响的综合性国家级可持续发展战略或愿景（包括适应、缓解或抵御气候变化的战略）。同样，跨行业或整体经济的技能需求可能会受到每个重要行业的战略和规划的影响。

可以推动技能需求分析的各类战略案例如下。

- 将支出与技能需求联系起来。例如，美国联邦政府的一揽子支出刺激计划，即《美国复苏与再投资法案》，将资金用于若干领域，包括清洁技术。清洁技术支出被分配给不同行业的不同项目。为支持和评估该倡议，马萨诸塞大学安姆斯特分校政治经济研究所参与预估了即将创造的职业数量、职业类别以及相应的培训需求（ILO, 2011）。

- 将重大投资项目与技能需求联系起来。例如，沙漠科技基金会（Desertec Foundation）正在推动马格里布大型太阳能项目的建立。投资计划确定了技能发展需求和后续培训目标。

- 将基于市场的激励措施与技能需求联系起来。例如，许多国家采取了一些举措，鼓励用墙体保温、屋顶保温和供暖控制等节能技术改造住宅和其他建筑，并在建筑中推广太阳能热水器等可再生能源技术。这些举措通常都对其将产生的活动数量和类型有一定的目标要求，因此这些目标可以作为预测所需技能数量和类型的基础。在实践中很难预测活动数量，所以根据计划制定的一套设想通常比单一的预测更加有用。

- 通过将电力或能源行业的转型规划与技能需求联系起来，在发电领域，许多国家正在从化石能源向可再生能源过渡。虽然许多个人投资决定是由私营企业做出的，但相关部门、监管机构和电网运营商往往掌握着公共事业和私人运营商相当详细和可靠的未来投资计划情况。例如，芬兰开展了一项工程研究，为更广泛的政策目的建立能源系统模型（政策分析模型或 POLA 模型）。芬兰政府经济研究院用它来模拟变革所带来的技能影响（ILO，2011）。

- 将基于标准或目标而采用的战略与技能需求联系起来：许多行业和国家用于提高可持续性的一种关键战略是利用标准来推动改进举措。这可能有以下途径：通过促进采用远高于法定最低标准的标准（例如在渔业采用海洋管理委员会的标准）；通过提高法定最低标准（例如在建筑条例中对绝缘材料提出更严格的要求）；通过更有效地执行法定最低标准；或通过某行业自愿决定采用更严格的减排标准。所涉及的技能问题通常是对一系列职业的现有劳动力进行再培训，改变一系列职业的初始教育和培训，对领导变革的专业人员、确保高度规范的评估员或检查员进行专业培训。

专栏 1.1：确定和估计印度尼西亚的绿色就业职位

该研究估计了农业、林业、能源业、制造业、运输业、建筑业、渔业以及相关子行业中与环境相关的核心职位和绿色而体面的职位的数量。

绿色就业摸底研究采用了一种混合方法，结合了从关键知情者和专题小组讨论中收集定性数据到从国家劳动力调查中分析定量数据等方法（SAKERNAS）。该方法包括下列步骤：

1. 按照国际标准行业分类，了解经济结构及其与就业的联系。

2. 然后对每个行业进行审查，确定与环境紧密结合的特定子行业。在印度尼西亚，九个核心行业已被确定为有绿色就业聚集，它们是农业、林业、渔业、采矿和能源业、制造业、建筑业、运输业、旅游业和废弃物处理业。

3. 通过对每个行业的重点进行专题小组讨论，以及对与每个行业相关的国家法律和法规、自愿标准和活动进行全面的文献综述，确定了这些母行业中存在的绿色子行业。建立了确定子行业内可持续活动的标准。

4.用劳动力调查来估计每个绿色子行业内的环境可持续就业状况。

5.估计绿色就业涉及的引入标准，以深入了解就业质量或所谓的"体面劳动"。与国际劳工组织成员进行的专题小组讨论侧重于足够的收入、正规性、安全的工作环境、社会保障权利、社会对话（social dialogue）以及雇主和工人在每个绿色子行业的代表性。然后利用从专题小组讨论中收集的见解和劳动力调查中收集的数据得出对绿色就业的估计。

6.最后，该计划的目标是制定一项关于绿色就业所需技能的战略以求充分获得绿色经济的好处。

孟加拉国、印度（古吉拉特邦）、马来西亚、蒙古、尼泊尔、菲律宾、斯里兰卡和突尼斯也进行了类似的绿色就业摸底研究。

资料来源：ILO，2013f

- 将企业发展战略与技能需求联系起来。例如：爱尔兰政府在推出一份关于发展爱尔兰绿色经济的战略报告（Forfás, 2009）之后，开展了一项关于爱尔兰绿色经济企业未来技能需求的研究（EGFSN, 2010），其重点是企业发展所需的技能。采取的研究方法是定性研究。

并非所有因提高可持续性而产生的技能需求都来自于这样的计划。有些是源于市场机会和文化规范的。市场驱动的发展对技能的影响之研究可能是有用的，但只有少数关于绿色就业所需技能的研究对其进行了详细研究。

这似乎主要是因为：

- 详细的行业技能研究往往由需要确保劳动力供应的具体举措引起。
- 技能需求的变化往往是更广泛的增量变化模式的一部分，其技能影响主要通过分散的技能预测安排（如行业与教育和培训机构之间的联系）来处理，而不需要政策驱动的研究进行干预。

- 如果没有大量新的企业调查工作，那么数据问题通常会使技能影响很难被定量研究。

因此，总的来说：

- 最常见的是，以行业为重点的绿色就业相关技能研究可将现成计划作为分析的起点。

- 由此出发的计划类型是多种多样的，技能研究人员在设计研究方法时要仔细体味其差别。

- 如果研究不是从现成计划开始，那么在某些情况下，可能有必要提出决策者和其他利益相关方均可接受的预判（愿景、战略概要）。

- 在没有现成计划的情况下，专家、行业和其他利益相关方一般都会认为定性研究是一种可行的研究方法。

- 技能研究并不总是必要的。在某些情况下，特别是在技能需求增量变化的情况下，雇主、工人代表以及培训和教育机构等利益相关方可以在分散的基础上管理变化，包括安排工作场所学习。

第 4 节　分析层面和研究范围

要解决的一个重要问题是研究的层面和范围。

研究层面将会是：

- 国家级的？
- 行业级的？
- 一个跨国的组合级？
- 一个国家内部的地区级？

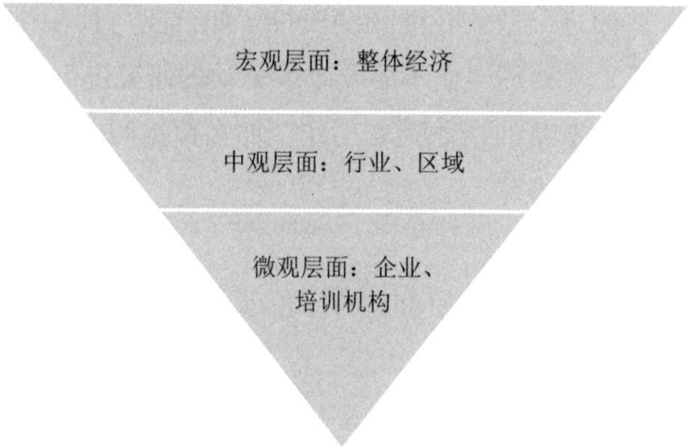

图 1.2   技能研究的分析层面

技能研究涉及的分析范围很广，从研究和模拟宏观经济发展与宏观劳动力需求之间的关系，到了解某类小范围企业的组织或技术变革所带来的实际培训影响，不一而足。

研究侧重的层面（或各个层面）各不相同，这取决于提出的研究问题和可能包括的数据可用性和项目可用资源在内的其他因素。

对于向低碳经济过渡对就业总体影响的问题，需要进行宏观经济分析，以探讨绿色支出刺激的影响、碳税引起的相对价格变化的影响或能源相关补贴或授权（mandates）的影响等问题。对于具体措施对就业的影响问题，无论是在行业还是在整体经济中，都需要在行业层面以上的层面进行分析，通过分析某行业（间接就业）的企业供应链和受雇于该行业企业及其供应链（诱发性就业）的人的消费支出的更广泛影响，以确定更广泛就业效应。

至于向低碳经济转型过程中的技能预期问题，多数都需要在行业层面进行大量研究，但研究重点和范围因具体问题而不同。

图 1.3 展示的是可能被纳入绿色就业技能模型的不同内容是如何整合为一体的。大多数实用模型仅仅使用了图示的部分内容。除了消费者成分外，经济体由很多行业组成。图 1.3 中的经济体有 n + m 个行业。其中，m 个行业有部分绿色产业，n 个行业没有专门的绿色成分产业。研究人员可以选择如何处理部分绿色行业。他们可以把每一个绿色行业

都分成绿色综合行业和非绿色综合行业，也可以都作为整体来分析。例如，研究人员可以选择将电力行业分为绿色可再生行业和非绿色"其他"行业，也可以对整个行业进行综合分析。整体行业分析方法通常需要在更详细的行业层面上分析和建模。

行业之间的互动是通过依托行业的某种宏观经济模型来模拟的。一般来说，研究者可以使用投入产出模型、社会核算矩阵模型（SAM）、动态社会核算矩阵模型（DySAM）或可计算一般均衡模型。并非只有单一的正确选择。

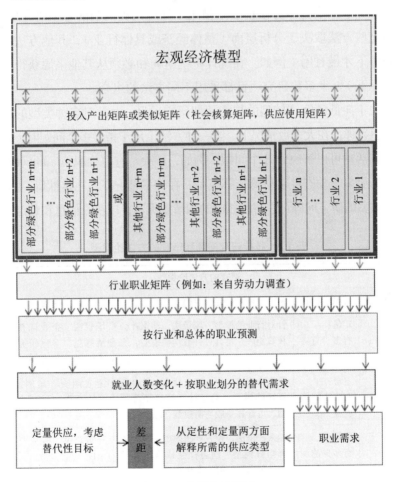

图 1.3　定量方法概述

宏观经济模型可用于：估算受绿色转型影响的职业数量（见第1.5.1小节），对整体经济层面的技能进行定量分析（见第4节），或作为基于行业的分析背景，为行业研究提供关于一个行业在其他行业环境中的定量信息（见第5节）。

第5节　将研究问题与研究方法联系起来

本小节概述了适合低碳经济技能预期研究的定量和定性方法（见表1.2）。并非所有这些方法都必须被用于处理某类问题的每个研究项目，其中有些方法取决于分析层面（整体经济或具体行业），其他方法在特定条件下才最有用（例如，在统计系统薄弱和必须从其他来源获得数据的情况下）。大多数研究项目都采用不同方法的组合。

关于向低碳经济转型的技能预期研究项目，通常对多种类型的研究问题感兴趣。在大多数情况下，当一种方法论用于指导多个问题时，则一项研究活动可以解决好几个问题。例如，解决"有多少职位"的问题时，就不需要多个动态社会核算矩阵模型。在许多情况下，在定性研究方面，一些类型的研究问题可以咨询相同的知情意见源，以获取信息和观点。

表 1.2　技能研究问题和适宜的方法论类型

		适宜的方法论类型	
问题等级	问题类型	定量建模	定性
职位	定量：有多少直接就业？	针对行业的模型、场景法、动态社会核算矩阵、可计算一般均衡模型、综合行业	场景法、企业调查、知情意见、案例研究、行业研究、间接研究
	定量：有多少间接就业？	投入产出法、投入产出模型、社会核算矩阵模型、动态社会核算矩阵模型、可计算一般均衡模型、综合行业	企业调查、案例研究、知情意见、间接研究
	定量：有多少诱发性就业？	投入产出法、投入产出模型、社会核算矩阵模型、动态社会核算矩阵模型、可计算一般均衡模型	知情意见、劳动力市场条件

续表

适宜的方法论类型			
问题等级	问题类型	定量建模	定性
职业 / 技能	定性： 职业问题		知情意见、专业知识咨询、企业调查、案例研究、职业招聘广告内容分析、职业描述、包括国外趋势的间接研究
	定量： 职业问题	行业职业矩阵、趋势	案例研究、企业调查、知情意见
	定性： 技能问题		专业知识咨询、能力调查、知情意见、间接研究（包括国外趋势研究）
培训与 教育	定性： 培训和教育问题		知情意见、专业知识咨询、毕业生就业能力数据、当前课程分析
	定量： 培训和教育问题	按教育和培训类型对毕业生的未来供应情况建模	收集或调查有关新生和毕业生的数据、追踪研究、按类型的毕业生就业能力趋势、知情意见

资料来源：改编自 ILO, 2011a

1. 回答关于职业的定量问题

直接就业

回答有关现在和未来直接就业人数的问题一般需要使用定量和定性相结合的方法。

在行业层面，一般有必要评估相关行业的当前就业情况。在统计系统发达的国家，最好的办法通常是首先利用标准的统计资料来源，如劳动力调查和企业调查。而在统计系统不发达的国家，特别是发展中国家和新兴国家，则需要更多地依靠定性方法。

从行业层面预测未来的直接就业几乎在所有情况下都需要大量依靠

定性方法。根据所采取的方法，定量建模方法也可能发挥重要作用。仅仅根据连续的历史趋势及其与未来的关系无法正确模拟绿色行业未来的就业情况。要在未来需求、劳动生产率、技术发展、国际竞争的影响、监管发展、劳动力成本、能源和碳成本等问题上形成对未来的看法。其中场景法发挥着重要作用，预测的眼光要超前几年。在某些情况下，这可能会产生单一的中心场景；而在其他情况下，可能会描述一个基础场景和一个基于脱碳目标实现的场景。

在有动态宏观经济模型（如动态社会核算矩阵和可计算一般均衡模型）并可供研究人员使用的国家，可以对需求进行动态建模，同时要考虑到价格和经济体中其他行业之间的相互作用。如果目标是采取整体经济的视角，那么这样是可取的。但是，如果研究问题只是关于正在建模的具体行业，那么研究人员可能就需要对将出现的情况（这样做的好处被模型复杂程度高的弊端所抵消）做出合理决定。

大多数发达国家都有合适的宏观经济模型，但研究人员并不总是能够获得。一些发展中国家也有这种模型，例如，国际劳工组织通常建立国家动态社会核算矩阵模型作为其向发展中国家提供的部分援助，最近的例子包括印度尼西亚、马来西亚和莫桑比克。

间接就业

大多数关于向低碳经济过渡的实际技能研究问题，不仅关注核心行业或相关行业的直接就业，而且关注与之存在购销业务的行业。估计某行业对其他行业就业影响的标准方法是使用包含经济投入产出表的模型，如投入产出模型、社会核算矩阵模型或可计算一般均衡模型。简单地说，这是一种纯粹的定量方法，它根据经济投入产出表所包含的活动之间的现有关系，模拟相关行业活动的增加对其他行业的影响。对某行业未来产出预测的详细研究可用于预测其他行业的相关产出，而这些产出预测可转换为间接就业预测。

然而实际上，在向低碳经济过渡的背景下，大多需要定性分析来为定量的投入产出分析提供信息。绿色行业定义往往与标准行业定义不匹配，加之又出现了新的经济活动，因此有必要使用调查、案例研究或知情意见等定性方法提供的信息，以评估这些活动与其所构成的更广泛行业的影响是否相同，如果不同，又应做出哪些改变以使分析可信。在以下情况也会出现类似的问题：投入产出表已经过时，它所包含的关系正在发生变化，且可能是可预测的，或者它只有在行业聚集的层面才有。需要用类似的定性方法来解决这些问题。由于这些问题在发展中国家比在发达国家更为普遍，因此定性方法应该在发展中国家发挥更为突出的作用。

所有发达国家都公布了投入产出表，而大多数发展中国家也有一定详细程度的投入产出表。经济合作与发展组织会定期公布一些国家的投入产出表。[①] 在某国家或地区数据缺失的情况下，可以使用社会和经济状况与之类似的另一国家的投入产出表。例如，马萨诸塞大学安姆斯特分校政治经济研究所在对安大略地区的研究中使用了加拿大的国家投入产出表（ILO, 2011a）。然而与直接就业一样，即使完全没有官方来源的标准统计数据，也可以用行业企业调查来代替标准统计来源，从而使统计系统薄弱的发展中国家也有可能量化绿色行业的就业。

诱发性就业

估计诱发性就业在预测向低碳经济转型的技能时很少能直接有用。虽然一些技能研究人员确实估计了诱发性就业，但由于它存在于各种行业和职业中，因此很难确定具体技能对政策应对基础的影响。

估计诱发性就业的主要原因是它有助于评估对就业的影响。旨在估计一项政策举措或经济变化影响的研究人员，只有同时考虑到直接、间接和诱发性就业才能了解全面情况。

计算诱发性就业主要是一项定量建模工作，尽管它可能需要一些关于劳动力市场条件的定性工作投入。

---

① www.oecd.org/sti/inputoutput

2. 回答关于职业和技能的问题

关于职业的定性问题

关于职业的定性问题是向绿色经济过渡相关的技能研究的重要组成部分。关于正在出现的新职业、现有职业中的新专业化以及新技能和知识需求等大量问题成为现有职业研究的核心和重点。而其中很大一部分是关于职业应该如何界定，以及边界应该划在哪里等问题。

用于回答这些问题的研究方法几乎完全是定性的。这些方法大致可分为三类：

- 访谈、专题小组、研讨会等方法，或德尔菲法（旨在挖掘关于职业的知情意见和专家知识）；
- 以企业为重点的调查和案例研究方法（旨在系统地获取相关职业及其技能内容的信息）；
- 对职位招聘广告或对要求用文字描述工作任务的调查答复进行内容分析（但在正式调查中，保密问题可能会限制对后者的获取）。

许多教育和培训系统都有完善的流程，使其能够应对新的和不断变化的技能需求。技能研究人员出于顾虑，大多会参与这个层面的研究，因为这些机构可能没有足够的应变能力、不具备足够的前瞻性，或者可能需要外部指导和额外资源来应对。

关于职业的定量问题

为了对技能分析起作用，就业预测必须按某种可作为技能指标的衡量标准来进行分类。通常的方法是按职业分类。原则上，可以按受教育程度分类，但这种数据通常被用于增加主要基于职业分析的深度。

就业预测通过行业职业矩阵转换为行业的职业就业预测，该矩阵列出了所模拟的每个行业的职业构成。这通常是基于对国家统计局劳动力调查数据的分析。

按职业划分的未来就业情况可以通过将所涉及的行业目前的职业构

成应用于未来就业来估计。可以从过去的劳动力调查数据中找出职业构成的稳定趋势，并利用它们来预测未来的职业构成，从而改善这一状况。

对于给定行业的未来就业情况预测，可以根据就业人数变化预测以及每年需要替换人数的合理估计来预测对新增人员的需求。

但在实践中，通常用定性方法补充定量方法会更好。

需要采用案例研究和企业调查等方法来确定不符合标准行业分类的综合行业的职业构成，特别是在有理由认为绿色综合行业的职业概况不同于其所属的更广泛行业的情况下。

案例研究和知情意见咨询等定性方法在职业预测方面具有重要作用。在向绿色经济过渡的过程中，某些类型的重要职位能够由具有一种以上职业背景的人担任（例如不同类型的技术人员或熟练的手工职业者），除了原始数据外，建模结果的良好呈现也应反映这一点。在某些情况下，可能需要建立新职业或专业次级职业的模型，而这需要使用定性方法来进行调查。

在一些国家特别是发展中国家可能无法获得关于行业职业结构的数据，或者只能获得高层面的汇总数据，又或者数据已经过时。在这些情况下，可以使用案例研究或企业调查等方法来弥补不足。

对各行业职业构成趋势的定量分析和建模，得益于对变化和驱动变化因素的定性理解，从而对趋势变化发出预警。可以使用包括案例研究和知情者意见咨询等方法。

关于技能和能力的定性问题

关于技能和能力的问题大多数都是定性的，几乎与定量建模无关。选择合适的方法取决于所需信息的深度。

对某类职位所需能力的描述要足够详细以指导课程设计，这一般需要系统地咨询专业人士，在某些情况下，还要辅之以详细的调查以收集关于当前能力与能力差距的详细信息。这个过程可能是递进式的，专家们会提出多轮意见，以做改进。

调查时可辅以职位描述和职位招聘广告的内容分析。谨慎使用而非直接采用其他国家的职业数据库（如美国职业信息网^①），可以为进一步的专家咨询提供良好的背景知识（见专栏 1.2）。

对技能、能力和差距的描述足以概述重要的技能、能力需求趋势和主要缺陷，这可以通过访谈、专题小组、研讨会、其他方法以及各种方法的组合，或以不太严格的方式咨询知情者意见来完成。

专栏 1.2：根据对世界各地技能标准的分析，确定泰国建筑业和旅游业中的绿色职业

对旅游业和建筑业中部分重点职业的研究主要采用了三种研究方法：

- 审查已发表和未发表的资料；
- 与主要知情者进行访谈，如来自劳工部技能发展部的专家、建筑业和旅游业的行业代表；
- 分析世界各地的技能标准。

通过分析选取的重点职业的技能差距和需求，研究确定了将这些职业转变为绿色职业的所谓"绿色能力"。在审查国际经验的基础上，该研究提出了一种用于建立分类标准的方法，对因技术变革，旨在应对气候变化的新环境管理流程以及因新的体制监管框架而出现的潜在绿色职业进行分类。

资料来源：Esposto，2015

---

3. 回答关于培训和教育的问题

关于培训和教育的定性问题

关于教育和培训的定性问题大多需要定性研究方法。这些问题多种

---

① http://www.onetonline.org/.

多样，需要根据问题和国情采取不同的研究方法。

如果某类课程和某类职业之间存在简单的一对一关系，则可简化调查。然而在很多情况下，企业招聘某类职业时会接受不同学历和不同背景的人，而某一教育或培训课程的毕业生也会去往各个行业从事不同类型的职业。

这种情况在不同国家和不同类型的职位之间存在差异。此外，拥有新类型职位的雇主一开始通常招聘各种背景的人，而一旦确定了这些背景，他们之后就可能主要从专业课程机构中招聘员工。由于与向绿色经济转型相关的许多职位种类在某些方面都是新的且可能迅速变化，因此，此类领域职位和课程紧密匹配的程度可能会弱于已经发展了较长时间的领域。

了解这些问题有助于确定哪些类型的现有课程与所研究行业的技能需求提供最为相关。主要研究方法包括咨询知情者意见（雇主、工人代表以及教育和培训机构），并在可能的情况下对照毕业生就业数据和追踪研究（第一目的地和纵向）以及相关职业的就业者所持资格的调查证据（通常可从劳动力调查中获得），交叉检验他们的意见。

关于培训和教育的定量问题

教育和培训的数据可以从各种来源获得：

- 一些数据由经济合作与发展组织和联合国教科文组织等国际组织汇编，这些组织在汇编时通常会使用国际教育标准分类编码系统。欧盟统计局（European Union，Eurosta）也根据《国际教育标准分类法》系统为欧盟编制了教育统计资料。国际组织还汇编了与继续教育和培训以及终身学习可能相关的数据。

- 情况因国家而异，但国家教育和培训系统、国家统计局、资格认证机构以及教育和培训观测站一般都会编制关于教育和培训提供情况的国家或机构级统计数据。在某些情况下，它们会遵循《国际教育标准分类法》的编码系统。然而在许多情况下，它们还会使用更适合本国教育和培训系统具体设计的编码系统来编制统计数据，这样可能会提供更翔实的统计说明，但代价是会降低与其他国家的可比性。

- 在国家统计数据的背后，很多时候有一个行业层面（course-level）统计数据库可供研究人员使用。这是一种宝贵的资源，可使研究人员能够汇编与他们正在研究的技能需求最相关的具体行业的统计数据。要实现这一点所需具体行业的详细信息可以在网上获得，如果无法获得也可以直接联系教育机构。能够做到这一点对向低碳经济转型所需技能的详细研究非常重要，因为大多数标准编码系统都不够详细，无法将具体的绿色职位类型与具体行业进行匹配。

- 即使在全国范围内没有合适的统计资料，研究人员也可以通过向个别教育和培训机构或在某些情况下向教育和培训机构集团提出询问来编制统计数据。由于这些询问在目标明确时最有可能成功，因此进行初步调查一般去找雇主、工人代表和其他熟悉相关教育或培训机构的人即可。

通过考虑目前的学生和受训者人数，并扣除可能出现的未完成学业的比率，可以模拟未来一段时间内的毕业生供应情况。这可以是一项基于历史上未完成学业比率的完全定量的工作，或者也可以考虑关于可能改变未完成学业结果的因素的定性信息，如学生主动留级、劳动力市场条件的变化或员工—学生比例的变化。长期的预测应考虑到各种因素，如录取学生人数的计划变动、对潜在申请者更可能喜欢的课程的预期、资金安排可能发生的任何变动以及潜在学生群体的人口变化。

在建立供应模型时，大多数技能研究人员一般都要说明过去、现在和未来相关教育和培训课程的毕业生人数。不过，在估计合适的毕业生供应量时，原则上可以考虑扣除毕业生去往其他地方就业的情况，以及可能研究得不够详细的其他的技能来源。

如果无法获取关于毕业生的数据或数据质量不高，那么还可以重点关注按教育领域和所达到的教育程度及其随时间变化所划分的人口存量变化。这一信息可从国家的劳动力调查中获得。它通常无法进行非常详细的分类，但可以确定主要趋势。

第 2 章 绿色就业的定义和分类问题

第 1 节 引言

对于什么是绿色就业,并没有一个普遍认同的定义。将任何现有定义转化为可用于技能研究的操作性定义是一件复杂的事情。本节探讨了这些复杂性,并就如何在研究中应用国际劳工组织的定义为研究人员提出了建议。本节为技能研究提供了两个框架,一是在任何情况下都可以用于技能研究的一般框架,另一个是更详细的框架,突出了对绿色就业所需技能进行定量研究的复杂性。

研究绿色就业面临着复杂的行业和职业分类问题,导致这些问题的原因是,标准的行业或职业分类之间缺乏直接的对应关系,也缺少用以区分绿色就业和非绿色就业的行业或职业定义。本节探讨了这些问题,并就如何应对向研究人员提出了建议。

虽然“绿色技能”一词在国际劳工组织范围外被广泛使用,但人们赋予它的含义却不太一致。有时指环境意识一类的核心技能,有时则指与环境直接相关的技术技能,有时指绿色技术的技能,有时则指绿色行业或绿色工艺的技能。“绿色就业技能”一词的含义要广泛得多,因为它涵盖了所有绿色就业类型的核心技能和技术技能。本文和国际劳工组织关于可持续性技能的其他报告都倾向于使用这一术语,以避免歧义和混淆。

第2节　定义绿色就业

国际劳工组织对"绿色就业"的定义如下。

> 绿色就业是指减少企业和行业对环境影响，最终达到可持续水平的就业（UNEP et al., 2008）。

国际劳工组织对该定义阐述如下：

> 这一定义涵盖了农业、工业、服务业和行政管理中有助于保护或恢复环境质量的工作，同时也符合体面劳动的标准——足够的工资、安全的条件、工人的权利、社会对话和社会保护。该定义还包括与缓解和适应气候变化有关的活动。这是一个可行的定义。它的包容性和广泛性意味着每个职位都有可能变得更加绿色。随着时间的推移和向绿色经济转型的深入，如今被视为绿色就业的职位可能不会继续被如此看待。各国对绿色就业的理解也不尽相同。最终，各国需要制定其对绿色就业的国家定义，并为被视为绿色或非绿色的举措设定阈值（UNEP et al., 2008, Strietska-Ilina et al., 2011）。

虽然该定义及其阐述很好地从定性方面描述了什么是绿色就业，但该定义和其他现有定义都没有为如何计算绿色就业以及如何从统计方面区分绿色和非绿色就业提供全面指导。

在第十九届国际劳工统计学家会议（International Conference of Labour Statisticians）上，与会者通过了关于环境行业就业统计定义的新准则（ILO, 2013h）。在这些准则中，环境活动中的就业定义如下：

> 在环境行业就业的人员包括在规定的参照期内受雇……并生产环境产品和服务的所有人员。此外……还包括职责涉及使其机

构的生产过程更加环保或对自然资源的利用更加有效的工人（ILO,
2013h）。

　　绿色就业是符合体面劳动要求的环境活动就业中的一个分支。总体
就业、绿色活动和体面劳动之间的关系如图 2.1 所示。

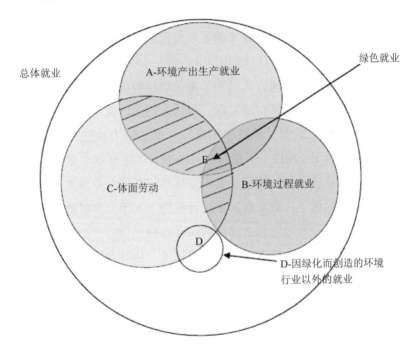

图 2.1　总体就业、环境活动和体面劳动就业之间的关系

资料来源：ILO, 2013h

　　绿色就业是指要么能生产环境产品，要么能参与环境过程且符合体
面劳动标准的就业（（A∪B）∩C）。

　　然而，也可能存在其他类型的职业，虽不符合所有这些标准，但仍
是绿色过程所产生的。从可持续经济所需技能的确定的视角来看，研究
人员可能对分析这些职业也很感兴趣。

　　• 环境活动的总就业（A∪B）：这包括一些不符合体面劳动标准
　　　的职位。从事技能相关分析的研究人员可能会提出疑问，即从事

这些职位的工人，其技能发展或某些标准的应用是否有助于改善这些职位并使其转变为体面劳动。

- 绿化带来的就业（ＡＵＢＵＤ）：除了环境活动中的就业，还包括其他行业因绿化而创造的就业。这些就业包括向环境行业销售产品的行业就业（间接就业）和因环境行业人员消费而创造的就业（诱发性就业）。

可以使用体面劳动指标来衡量该层面的绿色就业（参见国际劳工组织体面工作指标指南：ILO, 2012b）。

只有当绿色就业研究人员为了量化职位数量而收集数据时，才会将绿色就业的统计学定义付诸实践，因此他们或许需要采用操作性定义。

就国际劳工组织《发展中国家绿色就业潜力评估——从业人员指南》（Jarvis et al., 2011）所建议的方法而言，这意味着要将重点放在专门的绿色行业就业上，然后或者根据这些行业的企业调查数据，或者从现有的行业数据（一般来自国家统计机构）入手，并根据行业层面的研究将这些行业分为绿色和非绿色的综合部分。

然后就可以利用投入－产出建模技术，估算其他行业因向绿色行业销售而产生的额外就业（间接就业），及因这些行业的员工消费支出而产生的额外就业（诱发性就业）。该指南还建议估算所统计的职位中有多少符合体面劳动标准。考虑到许多发展中国家的一些相关行业普遍存在非正规工作，该指南提供了计算非正规工人的技术。

除了处理绿色就业问题，该指南还提供了一些额外的指导，以确定哪些活动将随着可持续性提高而消失，并导致失业。它还就如何量化失业提供了指导。

技能研究通常对核心绿色行业的职业、技能和培训需求感兴趣，并对其员工按照指南的方法进行统计。它往往还对该行业间接就业人员的技能和培训感兴趣，换句话说，就是那些在为核心绿色行业提供服务的行业就业的人员。例如，建筑施工行业在按照高标准的可持续性（如美国绿色能源与环境设计先锋奖）建造建筑物时，就需要专业服务行业提供专业建筑和工程服务，以及从制造或批发行业获得专业建筑产品和材料供应。如果间接受雇于其他行业的人员技能对核心行业提高可持续性的能力很重要，那么技能研究人员会希望对其进行调查。

技能研究也可能会对指南指导下所估算的失业情况感兴趣。它可能会有助于解决一些问题，如失业的职业构成、工人在更加绿色的行业或其他行业之间进行重新调配的可能性，以及在可行情况下为实现重新调配所需的具体技能和培训。

但是，除了按照指南的途径进行计算的绿色就业及失业外，还有其他类型的职位。技能研究人员可能需要对此进行研究，以处理为提高可持续性计划而产生的所有主要技能影响。对于其中有些领域的绿色就业，难以进行定量衡量，但对其进行定性研究则要容易得多。有些职位不在国际劳工组织绿色就业的定义范围内，但随着其所属行业的运作变得更加可持续，出现了新的技能需求。

以下是可以处理的主要职位类别：

- 每个核心绿色行业通常只是构成了更广泛行业（按照国家行业分类系统的定义）的一部分，而后者并非专门的绿色行业。然而在更广泛的行业中，有些职位将是绿色的，例如建筑行业的建筑服务工程师，不管与他们相关的建筑物的可持续性如何，他们关注的是最大限度地提高能源效率，或者那些制造业的机械工程师，他们主要关注的是消除生产过程中的浪费。研究这些职位，包括它们所构成的职业、所需的具体技能以及相关的培训和教育需求，意味着要将目光投向核心绿色行业之外。

- 在某些情况下，需要对非绿色职业的人员进行技能培训，以实现改善可持续性的变革。例如，为提高能源效率而对建筑法规进行的修改会使建筑行业的一系列职业技能需求发生一次性变化，并随之产生为满足这种技能需求的培训需求。研究这些职业、技能以及培训和教育需求，意味着要把目光投向核心绿色行业之外。

- 有些跨行业的影响可持续性的职位，根据该从业者指南的界定方法，未被计算在绿色行业内。其中有人从事环境核算、房屋管理、绿色管道等特殊职业。遗憾的是，在标准职业分类系统中，像这样专门的绿色职业大多没有被视为单独的职业，因此一般很难收集到关于这些职业的就业人数统计数据①。对于许多对可持续性有影响的其他职位也不能仅根据其职业进行分析，因为该职业只有部分成员从事可持续性相关工作。例如，在职业统计中，无法将设计节能家用电器的机械工程师与从事其他类型工作的工程师区分开来。同样，也无法将从事制定可持续政策相关的公共管理职业的人与从事其他内容的人区分开来。如果这些技能对改善可持续性的计划很重要，那么技能研究人员可能希望对其进行研究。

第 3 节　绿色就业的分类问题

1. 广泛的选择

在绿色就业相关的技能研究中，往往会出现使用标准行业和职业分类还是使用根据研究需要专门设计的分类的两难局面。行业和职业分类的针对性越高，需要进行的原创性研究就越多，将研究结果与其他研究成果相整合的任务就越艰巨。

基本上有四种选择：

1. 只做定性研究，开放定义。如果只做定性研究，研究人员可以选择让研究过程中被咨询的利益相关方自行决定如何界定与提高可持续性有关的绿色行业和职业。这种方法最适合旨在产生概述的研究，或者适合在开展进一步研究之前确定所研究领域的范围。一个主要缺点是利益相关方很可能会使用不一致的定义。另一个问题是某些受访者可能只关注那些最明确的绿色行业和职业，从而排除那些有助于提高可持续性，但名称中没有明显提及可持续性的行业、职位和培训活动。例如，国际劳工组织－欧洲职业培训发展中心绿色就业所需技能联合项目的国家研

---

① 一个例外情况是，一些公共就业服务机构使用比国际标准职业分类更详细的分类系统来追踪技能、职位和空缺。在某些情况下，这些分类系统将主要的专门绿色职业列为单独职业。

究，虽然提供了一些定义方面的指导，但却留下了许多开放问题让专家们来界定什么是本国的绿色就业（见本指南附件）。

2. 根据研究人员或其他非标准分类来源的定义进行的研究。研究人员可以选择适合研究主题的方式界定行业，而不考虑标准的行业或职业分类。除此之外，还可以实施价值链要素分析。例如，绿色建筑行业的定义可以包括从事绿色建筑的建筑与工程专业服务实践，或许还包括绿色建筑咨询服务和绿色建筑认证与检查服务。在标准的行业分类系统中，这些行业构成了若干行业的一部分。在建筑业中，这个行业可以被定义为包括所有涉及建造，特别是可持续建筑的公司，甚至可以被定义为包括所有参与建筑施工的企业。

可以使用相关行业内的通用术语，而非国家行业分类标准系统对职业进行分类。新兴的专门绿色职业（如太阳能热水系统的安装人员）很容易被列入这些职业中。与基于标准分类的研究相比，基于这种方法的研究结果对行业利益相关方更有意义。

除了与使用不同分类系统的其他研究存在难以比较的潜在问题以外，使用非标准的分类系统对定性研究没有造成其他明显的困难。但它们给定量研究带来了更大的问题，因为定量分析所需的数据必须来源于某个地方——通常来自相当详细的行业级研究。在将行业级的调查结果纳入宏观经济模型方面也可能存在困难。

这种研究的一个例子是代表爱尔兰风能协会（Irish Wind Energy Association）进行的一项关于爱尔兰风能行业技能需求的研究，其中包括了一项关于量化技能需求的调查。国际劳工组织关于可再生能源和绿色建筑的技能和职业需求报告也采取了这一方法，详细探讨了这两个领域所需的职业和技能（ILO, 2011b, 2011c）。

3. 根据行业内的非标准分类进行研究，但根据标准分类确定行业边界。行业技能分析的一种常见方法是根据标准分类确定行业界限，但要根据研究主题，同时利用行业内利益相关方所熟悉的行业和职业说明来调整行业内的分类方法。这种方法具有前一种方法的大部分优点，并且也能将行业分析的结果纳入基于标准行业分类的宏观经济模型。通过提供标准分类的参考点，也便于与其他研究进行比较。

匈牙利一项关于大规模深度建筑能源改造计划对就业影响的研究（Urge-Vorst et al., 2010）提供了一个很好的案例。它对拟议的方案进行多场景建模，首先在建筑行业内设定每一种场景，然后将建筑行业的场景置于一个投入产出模型中。

4. 最大限度地使用标准分类的研究。一般来说，对绿色就业所需技能的研究不可能只使用标准分类。标准的行业分类一般不区分绿色活动和非绿色活动，而标准的职业分类也不对绿色就业和非绿色就业进行有意义的区分，但有时也存在例外（例如，见专栏 2.1）。因此需要从行业级研究中获得信息，以区分标准行业分类中的绿色和非绿色部分，以及在非专门绿色行业的广泛职业中区分绿色和非绿色就业。由于劳动力调查的抽样限制，国家统计机构的调查所提供的行业和职业细节水平可能非常有限，为此增加了必须从行业级研究中获得的信息。

最大限度地利用标准分类，就是尽可能地按标准行业和职业分类来组织分析，一般将标准行业分为绿色和非绿色部分，而非全面研究标准行业。这是国际劳工组织《发展中国家绿色就业潜力评估——从业人员指南》中建议的就业影响估计方法（Jarvis et al., 2011）。

这四种分类方法都可以成为高质量研究的基础。研究人员应根据自己最想研究的问题、关心的行业特点、数据的可用性、调查工作和其他初级研究的资源可用性等因素，综合选择方法。

2. 行业分类标准系统

各国的行业分类系统有所不同，但目前使用的大多数系统都是以《全部经济活动国际标准行业分类》（ISIC）为基础的，通常会进行一些有限的本土化以满足国家需要。现行的《全部经济活动国际标准行业分类》于 2008 年出台，是该标准的第四次修订。

一些国家统计局使用的最重要的非基于《全部经济活动国际标准行业分类》的行业编码系统，是美国和加拿大使用的北美行业分类系统。欧盟现行标准《欧洲共同体经济活动通用行业分类》（General Industrial

Classification of Economic Activities within the European Communities）
（修订版 2）与《全部经济活动国际标准行业分类》（修订版 4）几乎
相同。

虽然大多数国家的行业分类系统以《全部经济活动国际标准行业分
类》为基础，但有些是以第四次修订版以前的版本为基础的。即使是以
《全部经济活动国际标准行业分类》为基础的分类体系，研究人员也应
该参考实际的国家分类体系，以免错误诠释。

为了给研究人员提供初步的参考点，表 2.1 显示了国际劳工组织关
于努力实现可持续发展（ILO, 2012a）的报告中特别强调的八个行业与
《全部经济活动国际标准行业分类》第四次修订版之间的主要对应关系。
该表还重点介绍了其他行业的示例，在这些行业开展的重要活动可能有
助于提高八个行业中每个行业的可持续性。

在这八个行业中，每个行业都只有部分是专门的绿色行业，因此要
对每个行业的绿色就业进行定量建模，这就需要将该行业分成绿色和非
绿色的综合行业，或者对整个行业的可持续性进行分析。

第 4 节 定义和界定行业

要准确地决定如何定义行业以便研究绿色就业所需技能，可能需要
一些努力、分析和考虑。研究人员应该考虑清楚他们所要实现的目标，
以及如何将其与可行的行业定义相匹配。

如前所述，大多数国家都有完善的行业定义，通常是仿效或改编自
《全部经济活动国际标准行业分类》。这些定义被国家统计局用于编制
统计资料，也可被用于其他政策和行政目的。对经济绿化重要的行业通
常包括林业、伐木业（ISIC 02）和建筑业（ISIC 41）。遗憾的是，大多
数关于绿色就业所需技能的实际问题并不符合标准的行业定义。

任何标准行业都可看作由四个主要部分组成，这些部分与技能研究
有关——三个与行业内的技能有关，一个与相关行业的技能有关。

研究人员在决定应重点研究某个行业的哪些部分时，应仔细观察所

要研究的国家所使用的行业分类系统的结构。也应考虑数据的可用性和可用数据的详细程度。如果仅有高水平的行业汇总数据，那么这些数据对行业分析的实际用途可能不大。本指南后文将对数据来源进行讨论。

1. 核心的专门绿色部分

- 在许多情况下，行业有核心的专门绿色部分。例如，在能源行业使用可持续的可再生能源，按照特别高的环境标准建造新的建筑物并对现有建筑物进行改造，以提高其在建筑行业的可持续性。根据大多数绿色就业的定义，与该行业核心部分相关的所有就业都可被视为绿色就业。《发展中国家绿色就业潜力评估——从业人员指南》（Jarvis, A., Varma, A., Ram, J., 2011）主要侧重于估计这类就业的数量。
- 之所以增加这一限定条件，是因为并非所有的可再生能源都是可持续的。这要由各个项目来决定，但明显例外的备选项目包括美国的乙醇，因资源贫乏或技术不合适而效率低下的地热系统以及选址不当的离岸风电厂，与收益相比，这些项目在混凝土、制造和维护方面的能源投资可能过大。

2. 努力提高非绿色部分的可持续性

- 即使在不太绿色的行业，也要努力提高可持续性。例如，在制造业中，许多公司可能正在开展工作以减少能源使用和废物材料，消除有害排放。比如在建筑施工方面，很多国家都在逐步出台更为严格的建筑法规，以减少建筑对环境的影响。这些努力对就业的影响可能难以衡量，事实上，效果可能只是改变了所需具体技能，而非就业人数。尽管可能难以对就业影响进行定量分析，但可以利用定性研究方法对技能影响进行定性分析。研究人员必须决定是否要这样做，或可只关注这些行业中核心的专门绿色部分。

3. 处于补充性行业的技能

- 对一个行业可持续性的许多改进都有赖于其活动构成的价值链其他部分。例如，改善林业可持续性的举措不仅直接取决于受雇于林业行业的人员，还取决于受雇于林业服务、社区关系、林业研究机构、林业决策和政策宣传、运输、森林产品客户，甚至还有执法和安保服务等领域的人员。研究人员必须决定是将其工作限制在所研究的行业，还是也要考量其他行业中对提高可持续性也有重要作用的技能。

4. 提高可持续性对就业的负面影响

- 在某些情况下，提高可持续性将对部分行业的就业产生负面影响。例如，虽然增加使用可持续能源资源往往会增加可再生能源行业的就业，但同时可能会导致燃煤发电或石油产品提炼等领域的失业。失业也可能是由于适应气候变化和环境退化造成的。技能研究人员应考虑是否研究失业者在本行业或其他行业重新就业的情况，以及他们需要哪些额外技能才能做到这一点。

图 2.2　与技能研究相关的四部分行业

在考虑关于绿色就业所需技能的研究可能涉及哪些行业时，不妨将国际劳工组织关于努力实现可持续发展（ILO, 2012a）的报告所涵盖的行业清单作为一份指示性的清单。

如果研究人员还不熟悉这些行业的可持续发展状况，就要对每个行业进行进一步调查。

表 2.1 列出了该报告中所涉及的行业。为了帮助研究人员考量一个行业的哪些部分应该被包括在内，报告提供了以下的案例：第一，每个行业独有的绿色核心部分；第二，可能有助于非核心部分绿化的活动；第三，与其他行业的专业联系；第四，可能随可持续性提高而失业的领域。

表 2.1 与八个行业绿色就业相关的四个领域的例子，特别是改善可持续性的相关领域

	行业独有的绿色核心部分的例子	可能有助于行业非核心部分绿化的活动例子	与其他行业联系的例子	气候变化或环境退化导致该行业部分失业的例子
农业	在不需要用于粮食生产的土地上种植生物质农作物，同时遵守资源效率和其他绿色原则	采用滴水灌溉法	改进储存和物流系统，减少粮食浪费	由于荒漠化、土壤流失、土壤盐碱化或土壤养分耗尽等影响而造成的农作物或牧场损失
林业	按照可持续林业管理原则运作	收割后重新种植	林业服务（如咨询、采伐）	消除不可持续的采伐
渔业	按照海洋管理委员会标准运作	要求采用减少副渔获物制度的条例	可持续渔业技术（如尽量减少对珊瑚和海床的损害）	减少不可持续的渔业
能源业	风力涡轮机的运行	减少发电站的排放量	从农业或林业采购生物质用于生物能源	关闭燃煤发电站
制造业	节能设备的制造	要求提高机动车效率的条例	能源效率服务的供应商	关闭低能效水泥制造商
回收业	符合环境保护（以及健康和安全）高标准的回收业务	减少回收过程中危险废物排放的举措	材料企业（纸张、玻璃、金属……）	机械化回收取代了非正规经济中的回收工人

续表

	行业独有的绿色核心部分的例子	可能有助于行业非核心部分绿化的活动例子	与其他行业联系的例子	气候变化或环境退化导致该行业部分失业的例子
建筑业	按照绿色能源与环境设计先锋奖体系等特别高的标准建造建筑物	采用更严格的建筑标准	培训或再培训建筑专业人员，包括能源审计员、能源顾问和建筑师，以促进可持续性建筑的发展	当新的绿色建筑技能成为主流时，建筑工人由于未能学习这些技能（例如通过建筑条例）而面临失业的风险
运输业	城市运输系统	铁路扩建对公交系统运行的影响	运输基础设施的建设	随着电动汽车的引进，减少了对传统机械的需求

在一个国家认为是专门绿色的活动，到了另一个国家不一定如此。例如：

• 有的地方已经存在了完善的城市交通系统，那么可能就没有必要把重点放在这些系统上并将其视作改善可持续性的机会。

• 如果一个国家内可再生能源资源的质量较差，或者有更可持续的竞争性用途，那么投资开发该资源以生产可再生能源可能不会提高可持续性。例如，在太阳能资源贫乏的地方（如经常有云层覆盖和远离赤道的地方）大规模部署光伏太阳能电池板，其可持续性可能不如其他供电方式。

表 2.2　国际劳工组织关于努力实现可持续发展的报告中所强调的八个行业与《全部经济活动国际标准行业分类》（修订版 4）之间的对应关系

	《全部经济活动国际标准行业分类》（修订版 4）中的近似对应关系	与核心行业可持续性相关的重要活动的其他《全部经济活动国际标准行业分类》（修订版 4）行业实例
农业	01 — 农作物和动物生产、狩猎及相关服务活动	52 — 仓储和运输支持活动 841 — 国家行政、社区的社会与经济政策
林业	02 — 林业和伐木业	170 — 纸张和纸制品的制造 16 — 木材、木材制品和软木制品的制造

	《全部经济活动国际标准行业分类》(修订版 4) 中的近似对应关系	与核心行业可持续性相关的重要活动的其他《全部经济活动国际标准行业分类》(修订版 4) 行业实例
渔业	03 — 渔业和水产养殖业	102 — 鱼类、甲壳类和软体动物类的加工和保鲜 301 — 船舶制造
能源业	05 — 煤炭和褐煤的开采 06 — 原油和天然气的开采 19 — 焦炭和精炼石油产品的制造 35 — 电力、煤气、蒸汽和空调供应	012 — 多年生农作物的种植 271 — 电动机、发电机、变压器和配电及控制设备的制造 382 — 废弃物处理和处置 42 — 土木工程 43 — 专业建筑活动 711 — 建筑和工程活动及相关技术咨询
制造业	C 节 — 制造业	E — 供水；污水处理、废弃物处理和整治活动 72 — 科学研究与发展
回收业	383 — 材料回收	381 — 废弃物回收 382 — 废弃物处理和处置
建筑业	41 — 建筑物建造，以及 43 — 专业建筑活动的一部分	68 — 房地产活动 711 — 建筑和工程活动及相关技术咨询 841 — 国家行政和社会的经济和社会政策
运输业	491 — 铁路运输 492 — 其他陆路运输 50 — 水运 51 — 空运	29 — 机动车、拖车和半拖车制造 30 — 其他运输设备的制造 841 — 国家行政和社会的经济和社会政策

专栏 2.1：比较高碳密集型（HCIS）与低碳密集型（LCIS）行业的低就业或技术就业比例

　　国际劳工组织国际劳工研究所比较了欧盟国家高碳密集型和低碳密集型行业的低技能就业比例。研究发现，除两个国家外，在所有研究的国家中，低技能就业在低碳密集型行业的比例都低于高碳密集型行业。由于绿色转型带来的调整压力将主要出现在高碳密集型行业，因此净影响可能是提高欧盟大多数经济体所需的平均技能水平。

资料来源：International Institute for Labour Studies, 2011

1. 标准职业分类系统

各国的职业分类制度不尽相同。大多数是根据国际标准职业分类制定的，尽管依据的经常是旧版本。目前是第八版——《国际职业标准分类（2008）》（ISCO-08）。在许多情况下，国家级的分类系统是在原有的基础上进行了重大调整。各种不同的国家行业分类体系均被称为标准职业分类，但共用同一名称并不能保证它们是相同的。事实上，美国目前使用的标准职业分类体系与国际标准职业分类在结构上有很大不同。

《国际职业标准分类（2008）》的分类范围从高度汇总的一位数级别一直到详细的四位数级别。在某些情况下，国家还有扩展到五位或六位数的更多且更详细的分类级别。可以给研究人员提供有关职业的更细致分类的数据，即便在公开发表职业标准分类数据时不会细致到五位或六位数的级别。

表 2.3　《国际职业标准分类（2008）》的结构

3	技术人员及助理专业人员
31	科学和工程助理专业人员
311	物理和工程科学技术人员
3111	化学和物理科学技术人员
3112	土木工程技术人员
3113	电气工程技术人员
3114	电子工程技术人员
3115	机械工程技术人员
3116	化学工程技术人员

3117	采矿和冶金技术人员
3118	制图员
3119	未在其他地方分类的物理和工程科学技术人员
312	矿业、制造业和建筑业监督员
313	过程控制技术人员
314	生命科学技术人员和相关助理专业人员
315	船舶和飞机控制员和技术人员

在国际标准职业分类系统中，很少有职业是专门与改善可持续性有关的。环境专业人员（2133）和垃圾分拣员（9612）是仅有的专门绿色职业分类，而即使是垃圾分拣的职业也并非是绿色就业，因为这些工作会产生有害的排放物或废物，或者不符合体面劳动的标准。

大多数绿色就业所在的职业也涵盖了非绿色就业。例如，从事可再生能源或废弃物处理的机械工程技术人员（3115）可视为绿色就业，而在制造业或化石能源行业具有大体相似技能的机械工程技术人员则不属于绿色就业，除非该职业主要侧重于过程改进。

国际标准职业分类系统和其他职业分类系统中比较详细的分类级别对研究具体技能需求的研究人员非常有用，而高度综合的分类级别虽更广泛但缺乏具体细节。技能研究人员应在三位数或更细致的分类级别上开展工作，如果基本的调查样本足够大，那么就可以针对对研究有意义的行业进行可靠的交叉分析。

表 2.3 说明了《国际职业标准分类（2008）》的结构，显示了两位数的科学和工程助理专业人员（31）分类中的所有三位数分类，以及三位数的物理和工程科学技术人员（311）分类中的所有四位数分类。这里列出的许多职业对可持续经济活动非常重要。例如，土木工程技术人员可以参与风力涡轮机的安装准备工作，而生命科学和化学工程技术人员可以参与生物能源工厂的运营。

专栏 2.2：南非的绿色职业

南非在 2011 年的《绿色经济协议》（Green Economy Accord）中表达了转向绿色经济的政治意愿，这与就业创造有关，也与新的和不断变化的技能需求有关。这些技能需求预计是二维的，因为不仅需要新的绿色职业，还需要现有职业中的新技能组合。

南非基于《国际职业标准分类（2008）》的职业组织框架在其 2012 年版本中引入了一个新的绿色职业类别。根据职业组织框架的定义，绿色职业是指那些以国家确定的优先事项和举措为直接目的，减少对环境的负面影响，并对环境、经济和社会敏感的企业和经济有贡献的职业。

由于职业组织框架被用于收集和反映劳动力市场的技能需求信息，因此更新后的版本有望使南非教育和培训机构在其行业技能计划中更好地反映支持绿色经济的技能需求。

资料来源：DHET, 2012; OneWorld Sustainable Investments, 2010.

2. 选择在行业和职业分类系统中使用的详细级别

研究人员应在选择行业和职业分类系统中使用的汇总级别上做出努力。简言之，这是一个平衡对充分细节的需求和避免引入不必要复杂性的需求的问题。

投入产出表的详细级别因国家而异。在定量分析需要宏观经济成分的情况下，最简单的办法是使用标准表格中的行业类别。

当研究人员主要利用抽样调查数据并能获得微数据时，他们可以根据样本规模、国民经济结构和全国范围内群体的同质性来决定结合什么样的详细级别进行分类（例如，对于规模较小的职业群体可以采用两位数级别，对于规模较大的职业群体可以采用三位数级别）。

第 3 章　数据和信息来源

第 1 节　引言

本节概述了绿色就业所需技能的研究人员最有可能认为有用的数据来源，其中涉及现有数据的来源和收集新数据的方法。

在与研究目标相关的情况下，研究人员应牢记按性别、年龄、残疾和其他跨领域标准分析数据。

第 2 节　劳动力调查

劳动力调查是具有全国代表性的家庭调查，它收集按行业、职业以及按资格水平衡量的技能水平的就业信息。劳动力调查在省、州和大都市区等国家层面往往也具有代表性（原文）。

劳动力调查是大多数发达国家定期进行的技能和劳动力市场分析的重要数据来源，大多数新兴经济体和发展中经济体也以不同的时间间隔进行调查。尽管有其局限性，但劳动力调查是技能（绿色就业所需技能和更普遍的技能）和劳动力市场的定量分析和建模的基石。

与企业调查不同的是，劳动力调查是通过关注劳动力市场的供给方来收集数据的。在许多情况下，劳动力调查会收集企业某些方面的信息，但报告是基于企业工人（或其家庭另一成员）的知识和看法，而非企业所有者、管理者或雇主。

劳动力调查是统计机构的抽样调查，用于对实际数字进行估计。分析单位是职位或个体劳动者，而非企业。鉴于劳动力调查的现有结构，一般不可能仅从调查中确定从事与绿色经济活动有关的工作的个人，因为劳动力调查中所使用的标准行业和职业代码通常不用于确定绿色就业。有些行业和职业类别比其他类别更容易确定，前者如回收活动，后者如生物类的生产活动。

原则上，可以对现有的劳动力调查进行修改或扩大，以收集可用于确定这些职位类型的信息。而在实践中，由于需要确保劳动力调查继续满足其他需求，因此排除了对经常使用的劳动力调查工具的核心内容进行重大修改的可能性。然而，在劳动力调查中一次性增加高优先级主题的专业模型是有先例的，原则上，这样做可以产生关于绿色就业的数据。

研究人员可获得的大部分或全部职业数据和按标准行业分类的就业数据可能都来自劳动力调查。

由于这些都是抽样调查，因此对于较小的员工群体来说，抽样误差是一个重要问题。按两位数的《全部经济活动国际标准行业分类》（或同等分类）计算的总就业数据的抽样误差通常在可接受的水平。在全部人口中，三位或四位数的国际标准职业分类（或同等分类）的抽样误差通常是可接受的，但对于员工人数较少的职业来说，抽样误差可能过大，这取决于抽样的绝对数值大小和它所覆盖的人口比例。特定行业内的职业抽样误差在一位数的国际标准职业分类水平上通常会被广泛接受，但在更详细的决议水平上则可能会造成问题，特别是对于员工数量较少的职业。国家统计局应能提供指导，说明低于这些阈值的员工人数估算应被视为不可靠。

在某些情况下，一旦研究人员考量行业层面的职业数据并将其与定性研究的证据进行比较，就会发现数据编码在更详细的编码层面存在重大问题。例如一个已知重要的职业可能没有出现在数据中，或者一个已知数量不多的职业可能在就业中占有很大比例。如果研究人员认为自己注意到了这个问题，就应该确认自己对分类系统的理解是正确的，尤其要确认自己没有被国家分类系统与自己可能也熟悉的类似系统之间的某些差异所误导。

如果这还不能解决问题，他们可能需要采取一位数的职业分类级别，因为在这个级别上出错的可能性比起在更详细的级别要小得多。一位数级别的编码职业比更详细的级别更容易保证正确性，因此统计局可能会合理减少对更详细编码的重视，因为他们只期望公布一位数级别的结果。

专栏 3.1：阿尔巴尼亚的劳动力模型试点和企业调查

为了应对日益增长的绿色就业计量需求，国际劳工组织制定并试行了关于环境行业就业统计定义的准则（ILO, 2013h）。在包括阿尔巴尼亚在内的一些国家试行了一种收集与绿色就业的存在和性质相关的一组变量的统计数据的方法。2013 年，利用绿色就业专业劳动力调查模型，对每个抽样家庭的两名家庭成员进行了访谈。企业调查的对象是覆盖全国的 300 家企业，不包括农、林、渔业。这两项调查有助于检验衡量绿色就业的拟议准则、估计就业规模并解决某些与环境行业技能不匹配相关的定性问题。

资料来源：Stoevska et al., 2014

如果现有的劳动力调查数据无法提供一个行业足够详细的职业信息，则可以利用企业调查、专家咨询或案例研究等方法对该行业的就业职业构成进行原创性研究以作为补充。在任何情况下都可能需要进行一些这样的研究，以使研究人员能够区分行业中的绿色和非绿色部分，确定绿色行业中公司的职业构成以及非绿色行业中的绿色就业。

第 3 节　投入产出表和其他国民账户数据

国民账户数据对于任何宏观经济层面的分析都是至关重要的。投入产出模型直接基于与国民账户一起编制的投入产出表。可采用供求矩阵作为投入产出模型的基础。

社会核算矩阵模型是根据投入产出表推导出来的，同时增加了一些变量，其中许多变量来自国民账户。以行业为基础的可计算一般均衡模型也使用投入产出表和其他国民账户数据。

除了用于建模目的外，国民账户数据还可用于结构化程度较低的分析，为这种分析提供关于总体经济活动趋势以及政府、企业和家庭的投资和当前支出趋势的信息。

除了可用于行业之间的互动建模外，投入产出表和供应使用表还可以让研究人员定性地了解行业之间的供应依赖性，以及绿色行业的企业采购可能产生间接就业的行业。

第4节　企业调查

拥有完善统计系统的大多数国家都会对其商业机构进行至少每年一次的大规模调查，调查范围要么涉及所有行业，要么是以某种方式划分的行业（如工业和服务业）。许多国家都有不止一项这种调查，主要的调查要求提供大量详细信息，并且要求在诸如就业人数和收入等主题上获得更频繁的情况反馈。

在许多情况下，会对调查所覆盖的企业最小规模设定阈值，通常以雇员人数为标准。

除了大规模的商业调查外，许多国家还对企业进行定期的抽样调查，这种调查或独立进行，或与其他国家协同进行。许多调查的周期都在一年以上。例如欧盟的继续职业培训调查。

此外，因政策目的而进行的一次性商业机构和企业调查也很常见，这种调查有时由国家统计机构进行，但更多是由政策和研究组织进行。

这就提出了四种可行的对商业机构进行调查的方法，以及与绿色就业所需技能相关的问题。

1. 在定期的大规模企业调查中永久地增加少量问题。这可以被限定为两个问题：一是确定被调查商业机构是否应该被算作绿色机构；二是对该商业机构属于什么样的绿色机构进行分类。

2. 在现有的大规模调查中增加一个关于绿色企业和绿色就业的更广泛模块，可以是一次性的，也可以是每年、每两年或每三年一次的周期性调查。

3. 建立一个新的抽样调查并定期进行，大概每三年一次。

4. 进行一次性的以政策为重点的抽样调查，如果情况需要，则可以重复进行。

对大多数国家来说，比起技能研究，以上第一种方法与一般的绿色经济研究更相关，因为大多数大规模的企业调查并不包括关于技能和职业的广泛问题。即便如此，生成准确和精细的绿色经济数据将为行业的技能分析方面做出重要贡献。

从技能研究人员的角度来看，第二种方法可能最有吸引力，因为它有可能产生与精细的行业分析相关联的详细的职业和技能数据。最大的潜在问题是，现有的调查一般已经在寻求信息的数量和让受访者提供信息所需的努力之间取得了平衡。增加一个模块可能会打破这种平衡，使获得全面答复的难度大大增加，从而增加企业的工作量，而且要求调查组织做出更大努力以获得可接受的答复水平和质量。要求提供的额外信息量越大，现有的平衡就越有可能被打破。

第三种方法是以绿色就业为重点的新抽样调查，对技能研究人员也有潜在的巨大价值。还可以通过研究绿色经济的其他方面来扩大其价值。虽然调查的抽样性质会使结果不如大规模调查那么精细，但原则上可以通过抽样设计来平衡这一点，如在对政策特别关注的行业或行业中的个别部分中提高抽样率。

专栏 3.2：欧洲职业培训发展中心的欧洲雇主技能需求调查中关于环境活动的问题

欧洲职业培训发展中心制定了一项关于欧洲雇主技能需求的调查，并在九个欧盟成员国进行试点。从雇主那里收集了证据，他们报告了任务重要性的变化，以及重要性增加的任务的潜在技能差距。在调查中，雇主还报告了新的（或新兴的）任务以及劳动力对这些任务的准备情况。在其他通用技能中，调查了资源节约和反污染任务的实施举措。在与推动雇主产品创新和适应战略变革的主要趋势相关的问题中，列入了环境意识或标准和法规所要求的新流程和服务。

资料来源：Cedefop, 2013

这里的一个关键问题是，像这样的新调查往往需要统计机构投入大量资源。另一个考虑因素是这种调查在一段时间内是否仍然有用。为了跟上节碳活动的发展，每一次调查可能都要进行重大的重新设计。此类调查随着低碳经济的进展变得更加常规化，对低碳经济领域的政策兴趣也有可能减少，从而会缩小当前技能问题的范围。这些因素可能会使负责安排统计机构工作优先次序的人员更不愿意将这样的调查纳入其计划。研究人员还应该考虑到这样在国内现有的企业调查民意测验的基础上增加一项新的调查，会给企业带来的负担。过于频繁的问询可能会对回复率以及回复质量产生负面影响。

第四种方法是由政策或研究机构开展的一次性政策性调查，其优点是开展这种调查基本上只是设计的问题，可以掏钱让研究机构去做，而不会对国家的统计系统产生任何长期影响。与官方统计调查相比，将这种方法纳入定性问题可能也更容易。这样做的缺点是，工作的开展不能很好地与国家统计系统紧密结合，并且可能无法像国家统计机构开展的调查那样与官方统计数据相提并论。根据其资源配置情况，这可能是一种成本相对较高的方法。

第 5 节　访谈和其他定性研究方法

大多数技能研究都需要一系列的定性研究技巧，从结构化访谈到专题小组和利益相关方研讨会。确切的需求取决于研究所要解决的问题、体制和利益相关方的问题、可用资源以及其他方法的选择。

通过这些定性方法可能咨询的主要群体包括：

• 企业
• 专家
• 相关政府部门和机构
• 工人代表组织
• 雇主代表组织
• 教育和培训机构
• 涉及环境领域措施的非政府组织

关键的方法类型包括：

• 结构化的问卷调查（通过邮寄、电子邮件、网络等方式），或由访谈员进行采访
• 由访谈员进行的半结构化调查
• 案例研究（包括关于绿色行业就业的职业构成的案例研究，目前尚无职业构成的官方数据）
• 专题小组
• 研讨会
• 德尔菲法

企业调查与企业层面的其他定性研究之间的界限并不清晰。一般来说，利用结构化问卷收集企业信息和观点，不论是让企业填写问卷还是由访谈员紧跟问卷进行调查，都可以被认为是企业调查。然而，结构化程度较低的方法对于更深入地讨论问题也是有用的，比如能在访谈或提交材料的要求中提出更多的开放性问题，或使用专题小组方法将企业聚集在一起深入讨论问题。

除了反映国际劳工组织的三方治理之外，利益相关方的研讨会还在与利益相关方验证研究结果、加强分析和建立对研究结果的认同方面发挥了重要作用。利益相关方的支持是至关重要的，没有他们的支持，研究结果就不太可能推进行动。

第6节　教育和培训数据

数据可从以下多种来源获得：

- 教育部或劳工部或这些部的相关机构（如资助机构、资格认证机构或质量保证机构）。

- 教育机构组织。

- 专业组织，可能提供有关项目的数据，这些项目为组织提供一批批未来成员。

- 行业组织，可以收集关于为其成员提供关键技能的方案的统计数据，其成员可以雇用学徒等实习生，并可以通过提供工作实习和邀请客座讲师等方法参与其他课程。在某些情况下，雇主与外部教育或培训机构合作，为雇员提供适合教育和培训主流框架的课程，其中行业代表组织可能是这方面数据的良好来源。

- 雇员组织，特别是那些专门从事特定技能领域的组织，它们可能提供有关项目的数据，这些项目为组织提供一批未来成员，其成员中可能有学徒等实习生。在许多情况下，工人组织本身就是重要的教育和培训机构，它们会对其成员进行继续教育和培训，并对进入专业领域就业的人进行初步教育和培训。

- 负责促进外来投资或企业发展的机构经常从课程中收集数据，这些课程为潜在投资者、具有增长潜力的本地企业提供其感兴趣的技能的课程。

- 如果一个国家有完善的技能预测系统，那么该系统的职责之一通常是编制关于技能供应的数据，包括按学科和资格等级分类的课程毕业生的数据流。

- 也可以对相关的教育和培训机构进行调查以获得数据，尽管只有在研究资源特别充足，并且能够要求相关的教育和培训机构进行合作的情况下才有可能进行大规模的调查。为了得到可靠的结果，对学生和毕业生人数的调查一般要求对全部人口进行调查，答复率要接近100%。

第 7 节　其他官方来源

现有的可持续发展规划工作可能已经产生了有用的统计数据。甚至可能已经做好了行业的统计剖析工作。关于核心行业的任何现有统计数据都将对研究人员特别有益，可帮助他们缩小其所研究关注的行业与核心行业和扩展行业构成的标准行业分类系统中的一个或多个行业之间的差距。

也可以开展其他现有的以行业为重点的研究。行业代表组织、代表国际发展组织的研究人员、学术研究人员、私营行业市场的研究人员或政府部门或机构可能出于其他目的对某一行业进行了研究。同样，来自这些来源的数据可能有助于缩小为研究而定义的行业与标准行业分类系统中与之重叠的一个或多个行业之间的差距。

相关数据可从政府部门，如负责劳动、教育、工业、能源或环境问题的部门或机构获得。

对于许多绿色行业来说，可能有与该行业具体相关的官方数据系列。重要的东西会有所不同。这里不可能面面俱到，但以下是可能获得的相关数据的例子：

- 可持续和非可持续管理下的森林面积的时间序列。
- 按房龄、用途和质量分类的现有建筑物存量的统计数据，作为为提高可持续性而进行的改造中可能涉及的工作量的背景资料。
- 按用途分类的未来建筑需求预测。
- 能源消耗统计数据；按技术分类的能源生产统计数据。
- 按来源和类型分类的废弃物统计数据；关于废弃物回收的统计数据——再循环、再利用、能源回收。
- 相关产品的国际贸易统计数据。

第 4 章　对绿色就业所需技能的整体经济概述

第 1 节　整体经济概述的类型

可以看到，对绿色就业所需技能进行整体经济概述的方法有三大类。

这些原则是：

- 整体经济中绿色就业的定性概述。
- 宏观经济定量分析（涵盖了整体经济中的绿色就业所需技能，无须进行大量的行业级研究）。
- 覆盖整体经济的研究（通过定性或定性和定量相结合的方法，分别处理所有主要行业的问题）。

下文第 2—4 节侧重于第一种方法，即定性方法。第 5 节和随后的各节侧重于第二种方法，即定量分析。

可以采用下文第 5 节中所描述的行业方法来处理第三种选择。这方面的例子包括来自爱尔兰的两项研究。第一个例子是关于绿色经济中企业未来技能需求的定性研究（EGFSN, 2010），其中研究了为促进企业发展实施绿色经济战略所需的技能。第二个例子是关于实施所谓"绿色新政"战略所需技能的研究（Comhar SDC, 2010）。它对一些行业采用了定量和定性相结合的方法，而对其他行业则只采用了定性方法。

第 2 节　整体经济定性概述的简介

这里描述的方法旨在概述一个（或多个）国家目前在绿色就业所需技能和培训方面的状况，以及未来的技能和培训需求。这种方法通过与利益相关方及专家协商，并利用现有的研究和政策文件来进行。

该方法以国际劳工组织－欧洲职业培训发展中心的绿色就业所需技能研究项目所进行的国家研究为基础。现有的国家研究报告和全球综合报告可在该项目的网站上找到（参见 ILO, 2013b）。

这种方法不仅适用于国家级研究，而且也适用于超国家集团或次国家级研究。为避免重复，本文只涉及国家级分析，但应将其视为与其他各级分析也有关。

第 3 节　定性研究的问题

分析的主要目的是对向更可持续的经济过渡所需技能进行综合的整体经济概述。需要处理的关键议题包括：

- 确定已经或预计将对劳动力市场产生重大影响的主要经济绿化转变；
- 确定劳动力市场正在或预计将受到影响的主要行业，以及这些影响大致是什么；
- 确定和预测技能需求的重大发展，重点关注广泛主题以及具体行业和关键职业；
- 确定技能供应和技能需求之间应予以解决的现有和新兴的主要差距；
- 确定现有的应对政策和方案；
- 确定可用于解决现有和新出现的差距的有效执行机制；
- 确定技能需求确定和预测的现有制度安排，以及发展这些领域的方法；

- 确定可能受益于进一步研究的包括行业级领域在内的关键不确定 领域，最后应提出行动建议和进一步研究的建议。

该概述最好还应提供一些关于行动和进一步研究的建议。本节所描述的研究方法特意从高层面的角度出发，主要依靠利益相关方已经了解的情况。在某些领域，得出的结论将足以指导可执行的建议。在其他领域，建议将主要涉及确定需要开展额外工作的领域以及如何开展额外的工作。

可考虑提出建议的关键领域包括：

- 关于环境可持续经济的技能政策的建议；
- 关于绿色就业教育和培训的建议，可包括初步的职业技术教育与培训、继续教育和培训、工作场所培训、失业人员培训以及大学级教育供给，还可包括公共或私人教育供给；
- 关于教育和培训以外的绿色就业所需技能来源的建议，例如可包括其他行业或人口内迁；
- 关于进一步研究绿色就业所需技能的制度安排的建议。

图 4.1 简要介绍了得出这些结论和建议的分析结构。本指南的附件提供了更为详细的指导，列出了国家报告的可能结构和每个标题下重要研究问题的例子。

第 4 节　定性整体经济所使用的方法

整体经济定性概述中所使用的主要方法包括案头研究和与利益相关方不同形式的磋商，具体如下：

- 国际关键指标的比较——可用于确定国家绿色经济的关键优先事项和挑战。一些涵盖许多相关指标的有用资源包括：
  - 《全球环境展望》：http://geodata.grid.unep.ch/results.php
  - 国际能源署：http://www.iea.org/countries/
  - 《联合国气候变化框架公约》：http://unfccc.int/ghg_data/ghg_ data_unfccc/items/4146.php

绿色经济的关键挑战和优先事项

- 推动国家出台绿色政策应对并影响经济、就业和劳动力市场的主要环境问题

应对战略

- 国家总体战略、投资计划、应对气候变化和环境退化的适应和缓解措施

应对绿化的技能发展战略

- 作为国家应对气候变化和环境退化的连贯政策的一部分，技能发展战略包括政策的连贯性、互补性、相关性和协调性

绿色结构变革和（再）培训需求

- 气候变化和绿色经济需求所带来的行业和经济活动内部和之间的重大就业转变
- 确定已经过时的技能、贸易和职业

新的和不断变化的技能需求

- 在绿色经济的背景下，新兴绿色职业的技能需求以及现有职业（技能差距）新的和不断变化的技能需求

结论

- 在整个国家研究的基础上得出的

建议

- 关于行动和进一步研究的建议

（政策背景分析）

（技能预测和提供）

图 4.1　整体经济定性概述的结构

- 对政策和研究文件的分析——应包括下列国家级文件：
  - 政府各部门和机构
  - 雇主和工人代表组织
  - 其他利益相关方（包括教育和培训机构、专业组织和非政府组织）

　　　　◦ 学术研究
　　• 案例研究——研究人员可能会发现进行案例研究是有益的：
　　　　◦ 确定培训和再培训的需求，以及作为其研究的一部分而制定的培训规定
　　　　◦ 与被调研国面临的挑战和优先事项相关的其他一国或多国的情况
　　• 与利益相关方和专家的协商——可采取各种形式，包括：
　　　　◦ 同时使用结构化调查（包括通过网络、电子邮件、邮寄的书面调查和电话调查）和半结构化的面对面访谈
　　　　◦ 专题小组
　　　　◦ 德尔菲法
　　　　◦ 深入采访引领潮流的企业
　　　　◦ 探讨性讲习班和研讨会

利益相关方研讨会有助于传播和测试初步调查结果，制定能够在实践中执行的建议以及建立利益相关方对执行的接受、支持和承诺。

　　与任何单个利益相关方的协商可涵盖此处所列方法涉及的任何或所有主题。考虑到利益相关方的负担，必须规划与不同利益相关方协商的主题和形式，以平衡各种需求：

　　　　◦ 涵盖所有分析的研究问题
　　　　◦ 从不同的利益相关方那里获得关于同一主题的更多意见，以便得出结论
　　　　◦ 就与利益相关方有关的话题向他们提问，并使用他们的语言

第5节　整体经济绿色就业所需技能的定量研究简介

　　少数重要的研究项目对整体经济中的绿色就业所需技能进行研究时，只采用宏观经济方法。在此不可能对方法论进行详细的指导，但还是有必要进行简要的讨论，为研究人员提供概要介绍。最后一小节使用社会核算矩阵定量评估绿色就业所需技能的过程，从而提供了更多的技

术指导，也适用于发展中国家。然而，这种方法并不是唯一的选择，在应用之前，研究人员可能会发现对评估绿色就业所需技能的其他定量方法的简介也是有用的。

大多数国家开展此类研究的主要障碍之一是缺乏可与宏观经济分析相联系的绿色就业统计数据。根据最终商定的定义编制绿色就业统计数据的国家应该能够将这些数据与宏观经济模型联系起来，从而提供比目前没有初级研究的情况下更可行的宏观分析。

在获得绿色就业的数据之前，需要依靠标准行业分类以及按标准行业分类组织的劳动力调查数据，这使得整体经济的宏观经济方法难以模拟标准行业分类内具有重大现实技能影响的变化。由于在这种情况下绿色就业议程是一个不断变化的目标，因此对定量建模的重要定性投入可能是有用的。这种投入可能包括企业调查、专家观察或应用其他国家、地区或行业在类似经济和政策背景下的估计值。

专栏 4.1：政治经济研究所的绿色繁荣研究

马萨诸塞大学安姆斯特分校的政治经济研究所在编写绿色繁荣分析报告时创造了一种方法，从而在投入产出表的数据与美国劳工统计局进行的调查所提供的相对详细的统计数据之间架起了一座桥梁。该分析报告探讨了对清洁能源和化石能源的同等投资所带来的就业差异。政治经济研究所使用了目前受雇于各行业的工人数据，这些行业的特点决定了职业类型和证书要求。分析美国劳工部《职业前景手册》中关于每个职业的教育和培训需求的数据。该手册在分析定性和定量信息的基础上确定了每个职业"最重要的高等教育或培训来源"。以这种方式对潜在的就业进行分类，可用于确定潜在的一般技能差距。特别是可看到由工人的教育证书所界定的一般技能需求，这些需求将随着对绿色活动的投资增加而产生。

资料来源：ILO, 2011a

经济绿化过程是技能需求变化的重要而非唯一的决定因素，这是研究人员应该普遍意识到的问题之一，在整体经济定量方法中尤其如此。其他决定因素有：技术发展、经济全球化和国际分工趋势、人口变化、生活方式和消费模式的变化等。

在分析绿色就业所需技能时，研究人员建立了绿色经济如何影响技能需求的模型。同时，其他决定因素以及政策法规的变化也以不同的方式影响着同一职业。没有哪个单一的定量模型可以计算出这些因素全部的复杂性。这就是为什么我们不能仅简单运用有关职业和资格未来需求的定量信息以制定精确劳动力计划。

专栏 4.2：欧洲能源—环境—经济模式（E3ME）

英国咨询公司剑桥计量开发了欧洲能源–环境–经济模式，将经济和劳动力市场与欧洲的能源系统及相关温室气体排放结合起来。利用劳动力调查的职业数据，可以通过详细的行业分类，按职业进行就业预测。这种分类还被用来编制欧洲职业培训发展中心对欧盟技能需求的中期预测。

由于该模型包括与能源和环境有关的变量，因此可以用来模拟环境和能源政策对就业的影响。

最近，剑桥计量还通过将宏观经济模型与微观层面的教育回报率评估相结合，模拟了碳税对高等教育（所有科目或选定科目）的投资效果。英国的数据清楚地表明，从长期来看（2030），对高等教育的碳税投资对国内生产总值和劳动力市场（失业率下降）有积极影响。

资料来源：Cedefop, 2012; Pollitt et al., 2014

第 6 节　利用核算矩阵确定绿色就业所需技能

本小节提出了利用核算矩阵分析绿色就业所需技能的方法。例如，国际劳工组织在马来西亚的项目中就采用了这一方法的要素（见专栏4.3）。

这些模型使用国民账户的数据来预测宏观变化（公共政策、外部冲击、需求增长）如何影响包括劳动力市场在内的不同行业的生产和整体经济。根据数据的可用性，核算矩阵可能是静态的（投入产出、社会核算矩阵），也可能因使用时间序列而是动态的（动态社会核算矩阵）。

将含有详细劳动力市场信息的就业卫星账户[①]与核算矩阵结合，以便对经济的外部冲击进行劳动力市场分析。

通过将就业卫星账户与核算矩阵相结合而得出的就业乘数显示了一个或多个目标年不同行业和职业因经济冲击而产生的预期职位（直接、间接和诱发性就业）数量。迄今为止，核算矩阵所附的就业卫星账户缺乏评估绿色就业所需技能的以下信息：

1. 职业结构和这些职位所需的资格和技能；

2. 标准分类并没有为我们提供各行业的绿色部分及其职业与技能构成的信息。

这些问题可以通过下文提出的方法来解决，该方法由两个模块组成。模块 A 是数据分析盘点，而模块 B 可能包括定性调查，以弥补已确定的差距，并带来更多的技能需求数据。如何在研究过程中将这些部分结合起来，取决于分析发生的背景。

技能研究人员不可能对就业模式的总体发展完全负责。因此本指南并没有描述模型的一般方法，而是侧重于如何将技能成分融入其中。关

---

① 卫星账户是国民账户的组成部分，它提供了与中央账户相联系的框架，使人们能够在国民账户范围内关注经济和社会生活的某个领域或方面。常见的例子是环境、旅游业或无偿家务工作的卫星账户（OECD, 2013b）。一些国家可能有就业卫星账户，这些账户可以按各种特征划分就业情况。

于如何将动态社会核算矩阵模型用于模拟未来总体就业特别是绿色就业的更多信息，参见阿拉尔孔等人的著作（2011）。英国盈智咨询公司（GHK）在其 2010 年为国际劳工组织编写的一份报告中说明了如何在孟加拉国应用这些信息来估计绿色就业（GHK, 2010）。

将技能评估纳入绿色就业评估一般有两种可能的场景。如果要同时实现技能确定与绿色就业评估，那么研究人员可能会发现遵循场景 1 是有益的。如果要在实现绿色就业评估后再增加技能评估，那么研究人员就必须应用场景 2。

除了这两步或三步的整体经济活动外，研究人员可能还希望增加一个额外的步骤，通过考量具体行业来更详细地研究一些问题。这方面的方法见第 5 节。

模块 A：在核算矩阵分析中纳入技能代理变量

模块 A 的起点是按行业划分的职位数。研究人员应该寻找更多与技能相关的数据来丰富矩阵。

在就业卫星账户中，一般都有按受教育程度、职业分类和人口特征划分的数据。但是应该记住的是，就业卫星账户通常不会有这样高度划分的数据，因此研究人员需要从原始数据源（如劳动力调查）中编制所需的数据分类。在这种情况下，分析国民账户数据与劳动力调查数据的一致性是非常可取的。

专栏 4.3：将技能分析纳入马来西亚的绿色就业评估中

继赛城和布城这两个计划中的绿色城市取得成功之后，马来西亚已主动在南部的马六甲州建立绿色乡镇。国际劳工组织在为马来西亚制定绿色动态社会核算矩阵方面发挥了重要作用，在该矩阵中，国民经济的一些行业被细分为"绿色"（即环境友好型）和"棕色"（即非环境友好型）子行业。在本专栏中，我们只关注一个例子——马来西亚的建筑业及其四个子行业：住宅建筑、非住宅建筑、土木工程和特殊贸易工程。根据先前的政策执行经验，以往划分绿色就业的分析使用了建筑业的假设，以区分绿色和棕色部分。

从马六甲当局收到的绿色乡镇政策干预的成本估计有助于产生三种不同的场景，以模拟整体经济针对以下三种外部注资的变化：

- 绿色行业注资：共有 2.2937 亿马来西亚林吉特用于绿色行业；
- 棕色行业注资：共有 3.4093 亿马来西亚林吉特用于棕色行业；
- 混合行业注资：共有 4.55 亿马来西亚林吉特用于混合行业。

这笔支出可以被看作政府通过减税、采购绿色设备等措施进行财政刺激的一种形式。

将就业乘数与 2011 年马来西亚职业水平数据相结合可以得出一些有趣的结果。绿色行业的注资为该行业的绿色部分创造了 5000 多个职位；而棕色行业的注资仅创造了 2000 多个职位。在绿色行业中，新创职位的职业构成主要是手工艺和相关行业的工人，而在棕色行业中，大多数职位都是为初级工人创设的。手工艺和相关行业工人中的国际标准职业分类群体属于中等技能水平，因此他们需要完成高中教育，而初级工人的技能水平只需要完成小学教育。因此，在行业内有绿色注资的情况下，技能水平会上升，从而影响到大部分劳动力。

此外，对包括建筑业在内的选定行业的雇主进行了调查，随后由利益相关方的专题小组进行了讨论。定性方面的投入证实了对中等技能而非低技能工人的需求日益增长。这些投入还表明，该行业劳动力的年龄结构可能会假定在不久的将来对工人的替代需求较高。在手工艺和相关行业的工人中发现的主要技能差距是团队合作和技术技能（如使用材料、机器、设备和工具）。

资料来源：国际劳工组织马来西亚绿色职业项目

研究人员应特别关注以下数据：

- 受教育程度等级：从国际标准教育分类（ISCED-1997 或 2011）或从应与国际标准教育分类兼容的国家分类中得出的三个主要

等级：

　　○ 初级受教育程度（ISCED 0-2），

　　○ 中级受教育程度（ISCED 3-4），

　　○ 高级受教育程度（ISCED 5+）。

- 国际标准职业分类（《国际标准职业分类（2008）》）或国家标准职业分类（SOC）。任何有意义的技能信息最好都是三位数级别，但即使是两位数或一位数级别也有助于进一步的交叉分析。国际标准职业分类是一个良好的技能代理，因为它与专业领域和理论教育水平相联系，其中理论教育水平与在工作中执行任务和履行职责所需技能的性质相对应。国际标准职业分类有四个技能等级。[①]

- 人口数据：除了通常在动态社会核算矩阵（例如：城市或农村；正规或非正规；性别）中收集和分析的数据外，还有必要在年龄组括号中增加包括老年工人的年龄类别。这对于计算替代需求的可能性尤为重要（关于替代需求的解释见第 5.7.3 小节）。

- 按《全部经济活动国际标准行业分类》和国际标准职业分类的薪资统计数据（如果可用的话）。

应将数据纳入矩阵或卫星账户，使研究人员能够利用该模型将按行业分类的就业情况转化为按职业、受教育水平、年龄以及按任何类别组合分类的就业结构。以下矩阵提供了有用的信息，有助于研究人员分析对技能需求的影响：

- 《全部经济活动国际标准行业分类》和国际标准职业分类（或国家标准职业分类）之间的交叉分析；

- 《全部经济活动国际标准行业分类》和国际教育标准分类之间的交叉分析；

- 高度汇总的《全部经济活动国际标准行业分类》、国际标准职业分类和国际教育标准分类三方的交叉分析；

[①]　关于《国际职业标准分类（2008）》技能等级的更多信息，见 ILO，2012c。

- 将《全部经济活动国际标准行业分类》和国际标准职业分类与人口数据（如按性别或年龄组）进行交叉分析。

在数据允许的情况下，可以在任何国际标准职业分类和《全部经济活动国际标准行业分类》的数字级别上生成双向矩阵。三向矩阵应在更高的层面上产生。具体的分类取决于国家数据的可用性和国家背景（例如，区分农村人口和城市人口是否重要）。

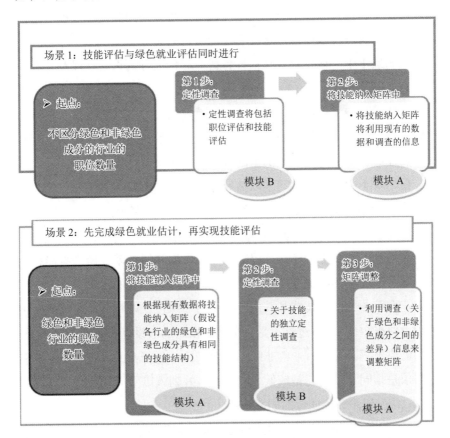

图 4.2　将技能分析落实到绿色就业评估的两种场景

薪资数据最终可以被添加到分析中。从技能的角度来看，每个职业的薪资动态都很有意思。如果薪资增长速度高于平均水平，则可能是技能短缺的表现。但对薪资数据的分析也要结合其他数据进行综合分析，才能了解全貌。此外，很少有足够详细或可靠的薪资统计，所以往往很难将其添加到分析中。

模块 B：额外的实证数据收集

模块 B 涉及评估各行业（如作为农业成分的有机农业）绿色成分的重要性及其职业和技能构成的问题。这可以通过对一般企业（甚至只是绿色企业）进行定性抽样调查来实现。还可以使用其他小规模的定性方法，如采访协会或少量被定性确定为绿色的企业。

在场景 1 中，该模块旨在估计各行业绿色成分的重要性以及它们的职业和技能结构。

在场景 2 中，技能评估是在对绿色就业的估计之后进行的。在早期阶段（通过调查、结构化访谈以及价值链分析的使用）已经对绿色行业的重要性进行了估计。本案例中的实证收集将只关注技能结构。

在场景 1 中，应提出问题以估计绿色成分的重要性，例如：

• 企业生产绿色产品和应用绿色工艺的比例是多少？

• 绿色产品和工艺在这些企业中所占比例是多少，涉及多少职位？

在场景 1 和 2 中，还必须提出与职业方面和绿色就业所需技能相关的问题。最简单的解决办法是确定该行业中绿色就业的比例，并假定绿色就业在职业方面、技能和其他特征等与非绿色就业相同（可为此使用劳动力调查数据）。不过这只是一个非常粗略的假设，很可能是错误的。我们需要了解，与同行业的非绿色就业相比，各行业的绿色部分对技能的需求是相同、较高还是较低。因此，最好列入以下问题：

• 绿色和非绿色成分的职业构成（一位数），

• 或绿色和非绿色成分的劳动力的受教育程度。

定性抽样调查或其他形式的数据收集也可用于了解与技能差距和短缺相关的一些主要问题，例如：

• 绿色机构是否会遇到招聘困难？

• 如果是，那么这些问题是由技能短缺还是由工作条件或薪资水平差而造成的？

- 他们在哪些职业中会因技能短缺而遇到招聘困难?
- 他们目前的劳动力因为缺乏哪些通用(核心)和技术技能,以致无法执行该职位的主要任务?
- 我们或许可以询问后者是否与绿色产品或生产工艺有关。
- 另一种选择是询问企业是否为其员工提供培训,如果提供,是在哪些领域提供(此信息是另一种技能代理),以及所提供的工作场所培训是否与绿色或绿化产品或生产工艺有关。

第 5 章　针对绿色就业所需技能的行业层面研究

第 1 节　引言

本部分概述了如何在行业层面处理绿色就业的技能预期。所概述的方法说明了如何对单一行业进行分析。然而，在许多情况下，研究的政策背景要求同时处理多个行业。如有必要且有足够的时间或资源，研究人员可以对每个行业都进行全面分析。

作为一种选择，只要符合工作目的，研究人员就可以决定缩小每个行业要探讨的问题的范围，简化分析的部分内容，或依靠每个行业有限的证据基础。在某些情况下，研究人员可能会发现最初被认为是单独的行业却具有足够的共同点，因此可以将其合并以进行分析，特别是在决定采用简化的分析方法时。图 5.1 概述了行业分析的过程。

第 2 节　行业选择

进行行业级技能分析的决定往往源起于现有的环境规划或愿景过程，该过程确定了对一个或多个具体行业进行分析的必要性。

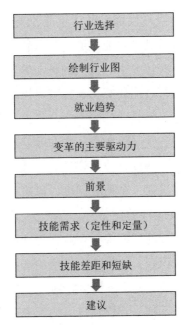

图 5.1　行业分析过程概述

以下是可能引起行业级技能分析的场景假设：

- 在新兴经济体中，从事一系列大型集中式太阳能发电装置安装工作的规划人员意识到，在规划、场地准备、安装、运营和维护方面需要大量的专业技能。而且其中的许多技能都无法在当地获得。为了确保技能提供、最大限度地发挥装置的地方经济效益并尽量减少对昂贵的外籍劳工的需求，规划人员决定提前规划，以确定技能需求，当地可以提供其中哪些技能，以及如何发展这些技能以备不时之需。

- 某政府决定将可持续性作为未来的政策重点。它对限制或减少碳排放的范围进行了审查，以防止不必要的环境破坏，并维护环境服务的价值。该政府审查了自己的政策，研究了现有的环境方案并审查了其政策对环境的广泛影响。同时它已确定了优先行动领域。作为审查过程的一部分，该政府按照本指南第 4 节所述的思路，对绿色就业的技能问题进行了高级别研究。然而，规划工作有必要超越整体经济层面，并注重能改善可持续性的具体机会。这就把规划过程带到了行业层面。随着行业级规划的推进，这些规划显然将在一些行业引起重大的技能鉴定和预测问题。政府决定在这些行业进行技能研究，这样就可以进行规划以确保根据需求提供技能。

- 政府、地方社区、发展机构和环境非政府组织展开了合作，并发起了一项重大的可持续林业倡议计划。该倡议将使社区参与林业管理。他们还将设立一个检查制度，以确保标准能得到遵守，并确保林业产品供应链的完整性。林木采伐举措将符合可持续标准。旅游业等领域的新型森林企业将为社区带来更多价值。合作企业的伙伴们意识到，这将产生广泛的新技能需求，并认识到他们必须就如何提供这些需求做出规划。

- 某环境部门高瞻远瞩，意识到自己的国家通过提高能源效率，既能获得可观的经济效益，又能极大地改善其碳足迹的发展前景。该部门决定采取三管齐下的办法：第一，建筑法规应要求新的永久性建筑物通过隔热和其他被动技术达到苛刻的能效水平；第二，新的公共建筑应逐步达到绿色能源与环境设计先锋奖（或同等的）标准；第三，应鼓励现有建筑物的住户和业主通过使用屋顶保温和太阳能热水系统等改造技术提高舒适度和能效。

这种方法的每部分都需要建筑师、工程师和建筑工人掌握包括房屋检查和质量控制方面的新技能。该部门决定制定一项计划，以确保能在需要时获得这些技能。

- 某政府采取经济刺激举措，将部分资金用于旨在提高可持续性的方案。例如，这些资金可用于建筑节能、制造业节能、生物能源和公共交通等领域。该政府希望能估计出此举将额外创造的职位数量（以及这些职位持续的时间），同时希望确保应需求提供的技能可以最大限度地提高就业影响，并保证这些方案能够得到有效和高标准的实施。这就需要在行业层面进行研究，如果要涵盖多个行业，研究人员可能需要根据每个行业的预期支出和所认为的违约风险等标准，在行业之间确定优先次序。

- 澳大利亚的行业技能委员会在确定和应对再培训需求方面发挥了重要作用。这些委员会促进了商业企业、行业组织和教育培训体系之间的密切关系。通常情况下，这些委员会每年都会进行环境审视，以记录全行业的趋势和对劳动力再培训需求的关注。例如，澳大利亚制造业技能协会已经意识到，引入碳定价机制将对制造业产生很大影响。通过涉及制造企业、行业组织和教育者的行业研究，澳大利亚制造业技能协会制定了与可持续制造有关的能力单元，这些能力单元体现了将被认可并纳入国家资格框架的技能（Strietska-Ilina et al., 2011）。
- 某政府制定国家能源战略，除其他方面（国际能源价格、对能源进口的依赖性、技术和其他因素）外，该战略还应包括能源行业的人力资源部分。本案例中的行业分析侧重于能源行业的绿色和非绿色领域，但能源行业的绿化是该战略的关键支柱之一。

如果研究人员必须在没有现成计划或愿景参考的情况下选择一个或多个行业，那么我们会建议他们使用国际劳工组织关于努力实现可持续发展的报告（ILO, 2012a）所涵盖的行业清单作为核对表，并对其中的每一个领域之于相关国家的重要性进行初步评估。这些行业已在前面的表 2.1 中列出，但研究人员会发现该报告中的全行业分析有助于他们确定并选择重要领域。

在必须从各行业中做出选择时，研究人员应考虑使用的标准包括：

- 已经做了大量规划的行业（其技能规划是整体规划中主要缺失的部分之一）；
- 利益相关方所支持的行业（特别是当它们准备在研究中进行合作，并对研究结果和建议拥有自主权时）；
- 对可持续性具有最大潜在影响的行业；
- 对劳动力市场产生最大潜在积极影响的行业（通过改善就业机会或在《体面劳动议程》方面取得进展）；
- 最有潜力提高生活水平的行业（通过改善家庭舒适度、改善获得清洁水和安全食品的机会、改善空气质量、降低满足基本需求的成本和改善公共安全等渠道）。

第3节　绘制行业图

1. 绘制行业边界图

绘制行业图的第一步是绘制行业边界图。在大多数情况下，现有的规划和愿景都会对所涉及的行业的内容提出看法，但如前所述，这很少符合标准行业分类。一旦人们对确定边界具体落在何处产生兴趣，现有的工作内容可能也会变得不那么清楚。

图 5.2 可能有助于研究人员确定边界。边界周围的大矩形代表整体经济。其内的纵向部分代表国家行业分类标准体系所划分的行业。

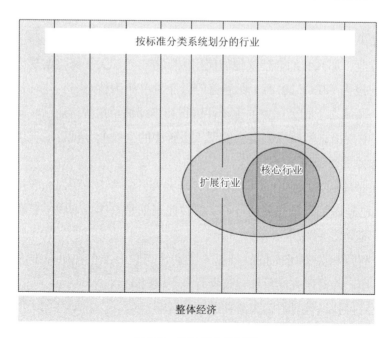

图 5.2　绘制行业边界图

　　这些圆圈代表了现有规划中明确出现的核心绿色行业。核心行业嵌在扩展行业中，后者考虑了前者以外且有助于其成功的专业活动。这方面的例子可能包括具有专业能力的核心行业供应商、补充产品和服务的供应商、决策者、研究机构甚至地方社区团体。

　　虽然在大多数情况下，核心行业在与之重叠的行业分类中只占一部分，但是它也可以分布在一个以上的标准行业分类中。扩展行业通常会分布在更多的行业，通常在一些行业中有大量存在，而在其他行业中则有少量但可能重要的存在。

　　图 5.3 显示了如何将该框架应用于绿色建筑的一个例子。

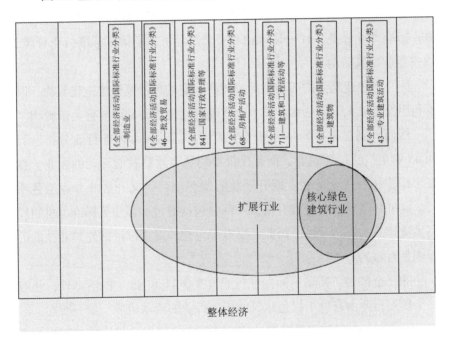

图 5.3　绘制绿色建筑行业边界图

可通过以下方式绘制该行业的边界：
- 描述符合核心行业的活动；
- 描述符合扩展行业的活动；
- 根据标准行业定义对这两套活动进行互相参照；

- 重新审视对核心行业和扩展行业活动的描述,看看是否有可能以更符合标准行业定义的方式划定边界。

区分核心行业和扩展行业有助于研究人员确定工作的优先次序。例如,在需要对研究问题进行良好的定量分析的情况下,可能只需对核心行业进行详细分析,同时对核心行业和扩展行业进行定性分析即可。如果仍有必要处理扩展行业的就业效应,那么可以通过使用投入产出或其他宏观经济模型估计间接就业来实现,而非通过对扩展行业的详细分析。

在交付绿色建筑项目方面,核心行业是建筑业。从《全部经济活动国际标准行业分类》来看,几乎所有这些活动都属于《全部经济活动国际标准行业分类》41—建筑物和《全部经济活动国际标准行业分类》43—专业建筑活动。

核心绿色建筑业的活动包括按照高标准的可持续性建造建筑物,以及利用保温或太阳能热水等技术改造现有建筑物,从而改善其碳影响。

然而,同样重要的是考量《全部经济活动国际标准行业分类》41和43中更广泛的建筑业,而非仅仅专门从事这些核心活动的企业。在许多国家,有大量的企业既开展核心绿色项目,又开展非专业绿色项目。此外,建筑绿化进程有很大一部分包括通过加强建筑标准等机制提高主流建筑的可持续性。因此,研究绿色建筑对更广泛的建筑业技能的影响是有益的。

除《全部经济活动国际标准行业分类》41和43中的活动外,还有一个扩展行业由有助于绿色建筑的相关行业的活动组成,如下所述:

- 建筑、工程和测量等领域的专业服务公司以及提供能效咨询的专业机构都做出了重大贡献。这些都属于《全部经济活动国际标准行业分类》711的范畴。
- 《全部经济活动国际标准行业分类》68涵盖了与房地产有关的一系列活动类型,如物业管理以及房地产的买卖和租赁。这些行业的企业决策可能会对绿色建筑的投资以及可持续运营产生重大影响。

- 在许多国家，对于绿色建筑举措的采用在很大程度上受到政府和公共管理部门（ISIC 841）关于促进和鼓励绿色建筑的决定、关于引入监管和法律义务以建造"绿色"建筑的决定以及关于检查和执行以确保遵从的决定的影响。
- 在一些国家，批发贸易（ISIC 46）中经销建筑材料和技术的实体在使建筑公司获得绿色建筑所需技术方面发挥着重要作用。
- 如果绿色建筑的材料和产品是在使用它们的国家内生产的，那么这些材料和产品将来自《全部经济活动国际标准行业分类》C—矿业和采石业的部分制造企业。在这个广泛的制造业分类中，相关产品可以出现在各种子分类中，从《全部经济活动国际标准行业分类》23—其他非金属矿物产品制造中的绝缘板到《全部经济活动国际标准行业分类》26—计算机、电子和光学产品制造中的建筑能源管理系统。

2. 关键经济统计、可持续性指标和行业构成

在绘制了行业边界之后，下一步就是对行业进行统计描述。研究人员应利用这些数据对行业的发展情况进行连贯的描述，并说明其现状。

在任何行业都可能有相应行业级数据类型，如（如果可用的话）：

- 以表格和图表形式呈现的时间序列有助于分析和报告的呈现；就业、产出或上述任何其他指标的图表或表格；
- 国民经济统计数据（如国内生产总值以及某行业占国内生产总值的份额估计）；
- 某行业的总产出或总销售数据（如有重要子行业，则按子行业分类）；
- 产出或销售的产品构成（如果可用的话），最好是区分绿色产品和非绿色产品，以及本国与其他类似的或存在竞争的国家在这方面的不同之处；
- 国内销售与出口的比较（如果所研究的行业从事出口的话）；
- 投入产出表或供应使用表。

　　研究人员还应该关注与所研究的具体绿色行业发展相关的其他类型的经济数据。例如，与其他行业的相同指标相比，某行业每名雇员的资本存量价值和附加值数据将提供关于资本密集度和劳动密集度的有用信息。

　　在进行这一阶段的工作时，研究人员可能会发现，他们既希望使用关于核心行业的数据（如果可用的话），也希望使用来自官方统计来源的基于标准行业分类的更广泛行业（或行业组）的数据，其中核心行业占一部分。

　　除了经济和产品相关指标外，研究人员还应考量与所研究行业相关的环境和可持续性指标。这种指标的例子包括：

- 二氧化碳排放量（生命周期和运作）；
- 其他温室气体（GHG）和大气污染物排放量；
- 用水量；
- 原（纯）材料和再生材料的使用量；
- 能源使用量；
- 能源效率和其他资源效率；
- 废弃物的产生和处理（有害和无害废弃物）；
- 碳的储藏和螯合；
- 对健康的影响。

　　除了利用现有的统计数据描述所研究行业外，研究人员还应该在现有的定量指标的支持下，对行业进行定性描述，包括以下问题：

- 核心绿色行业和扩展行业的企业做了什么；
- 确保有足够的背景资料说明行业如何提高可持续性，以及其技术如何发挥作用以使技能研究人员及其用户了解行业提供的益处，并加强对行业主要职业作用的理解；
- 所研究行业在改善可持续性和提供体面劳动方面做出了什么贡献。

　　在产品和服务方面，绘制行业价值链图表有助于说明本行业内部及与其他行业的主要供应联系。为了说明这一点，图 5.4 显示了国际劳工组织关于可再生能源技能和职业需求的报告中使用的略微简化的可再生能源价值链（ILO, 2011b）。

设备制造和分销　项目开发　建造和安装　运行和维护

图 5.4　可再生能源价值链

第 4 节　就业趋势

审查就业趋势的目的是了解行业劳动力的现状，并确定其发展趋势。与经济数据一样，表格和图表形式的时间序列有助于分析和报告的呈现，最好是 10 年左右的时间。在任何行业都可能有用到的行业级数据类型如下（如果可用的话）：

- 就业（行业总就业人数；占全国就业人数的比例；年就业增长率百分比）；
- 就业人员流动；
- 劳动生产率——每单位劳动投入的产出（雇用人员或工作小时）（ILO, 2013a）；
- 就业人员的职业构成；
- 就业人员的性别和年龄构成；
- 劳动成本和薪酬。

在某些情况下，数据的复杂性可能会使单一年份的数据呈现变得合理，例如，在呈现按行业和职业分类的就业交叉表时，就是如此。即使在这样的情况下，也应该分析一段时间内的趋势，并在研究报告中总结结果。

可以提供不同的就业措施，包括全职就业、非全职就业、合同就业和非正规就业。国际劳工组织的多功能研究工具《劳动力市场关键指标》（KILM）为衡量这些措施提供了有用的指导（ILO, 2013a）。

要进行技能分析，通常以劳动力调查中的就业措施作为基准就足够了，如果担心没有通过调查对非正规就业进行充分确定，可对其作些调整。

根据数据可用性和行业重要程度，常用的其他类型行业级数据包括：

- 小型、中型和大型企业之间的就业分类；
- 每年的劳动力流动率；
- 劳动力的年龄构成；
- 劳动力的受教育程度构成，以及这种构成如何随职业和企业规模而变化；
- 职位空缺。

相关的资料来源类型在很大程度上与那些关键经济统计数据的相关来源重叠。然而，以下两种特殊类型的来源将发挥特别重要的作用：劳动力家庭调查和标准企业调查。

劳动力家庭调查的数据将是就业的职业和性别构成的关键数据来源，也可能是工人的资格和年龄概况的关键数据来源。但是，这些数据只能用于标准行业分类，而不能用于核心绿色行业。如前所述，调查的样本规模和其他问题可能限制了从这一来源获得的职业详情数量。

在大多数情况下，有必要对研究所涉及的行业进行初步研究。这对于收集定性信息是必要的，并且往往也是收集与该行业核心绿色部分具体相关的关键就业统计数据的唯一实用的方法。在没有任何其他资料来源的情况下，应进行调查以量化雇用的人数。在大多数情况下，需要进行某种研究以详细确定核心绿色行业的职业构成，无论是以调查、案例研究、专家咨询的形式，还是采用其他定性方法。在此可以考虑该行业的雇主和工人如何对职业进行分类，而不必局限于使用标准职业分类。

在一些国家，标准企业调查可以提供关于就业数量和结构的信息，但对于非正规就业的覆盖范围可能存在问题。获得企业调查的微数据可以使研究人员对公司进行重新分类，以便更好地确定行业的绿色部分。

这种重新分类可以基于非常详细的行业级分类，该级别通常在调查中被收集但未获公布。在这个过程中必须考虑样本量。

职位空缺的数据可以在雇主确定任何特定技能短缺的严重性时提供有用信息。然而，研究人员还应考虑到通常影响职位空缺数据的限制因素。例如，资料来源一般不衡量所有空缺——任何单个来源衡量的空缺通常不到所有空缺的一半，而且它们往往更倾向于确定较低级别的技能。填补职位空缺方面的困难可能是由工作条件造成的，而非技能短缺所致。

第 5 节　变革的主要驱动力

一个行业变革的主要驱动力就是影响该行业变革的主要因素。对变革驱动力的分析几乎是任何前瞻性行业技能研究的重要组成部分。大多数绿色行业都正在经历快速的技术和经济变革，而这种变革与可持续性的政治密切相关，这使得这些行业特别容易受到快速的，往往是零散的并且不太可能递增的变革过程的影响。

关于绿色就业所需技能（Strietska-Ilina et al., 2011）的全球综合报告发现，目前的变革有四个广泛适用的驱动力。这些问题是：

- 自然环境或人造环境的变化；
- 政策和法规；
- 技术和创新；
- 绿色行业和新消费习惯的市场。

该综合报告中关于变革驱动力的讨论是研究人员的有用资源。其他驱动力可能包括人口变化、国际市场和国际分工的趋势或生活方式和消费习惯的变化。

研究人员通常会发现绿色行业的变革驱动力已经被研究过了，无论该行业是作为国家现有规划或基于愿景的过程的一部分，还是作为类似国家同一行业研究的一部分，又或者作为该行业国际研究的一部分。对技能研究人员来说，诸如此类的现有分析是一个非常好的起点。

对未来技能需求的预测将植根于对变革驱动力的分析，而这往往基于对各种因素的复杂平衡。为了良好地完成任务，研究人员必须很好地了解这些驱动力，以及它们在行业的具体条件下可能会如何相互作用。他们应该制定和阐述自己的驱动力清单，以达到这种深度理解。此外，对现有变革驱动力的任何分析都会受到其发展条件的影响，因此，研究人员往往能够提出比任何现有分析更适合所研究行业的新的分析。即使技能研究建立在现有规划的基础上，且包括对变革的关键驱动力的可靠分析，最好也要重新进行分析以确认其有效性，同时确保研究人员彻底理解技能研究，并以更能反映技能和劳动力市场相关因素的方式进行调整。

对于研究变革驱动力的研究人员来说，一个有用的工具是分析企业环境态度的所谓的"大环境分析"框架，这个概念对于商科的学生来说很熟悉①。本框架列出了在分析企业环境时需要考虑的以下六大领域：

- 政治
- 经济
- 社会
- 技术
- 法律
- 环境

为便于说明，表 5.1 总结了国际劳工组织关于可再生能源（ILO, 2011b）和绿色建筑（ILO, 2011b）的技能和职业需求报告中发现的全球可再生能源行业和绿色建筑的主要变革驱动力。这些报告对变革的每一个驱动力都进行了更广泛的讨论。每一个驱动力都符合大环境分析的一个或多个类别。

---

① 可以在大多数高校的商业战略基础课本中找到这个框架或其变体（宏观环境分析、大环境分析、STEEP 分析……）。

表 5.1　国际劳工组织关于可再生能源和绿色建筑领域的技能和
职业需求报告中的变革驱动力

可再生能源报告中的变革驱动力	绿色建筑报告中的变革驱动力
气候变化和降低碳排放量的必要性	为应对气候变化的威胁而降低建筑碳排放量的必要性
对能源日益增加的需求	更广泛的可持续性问题（如节约用水或限制建筑废弃物的必要性）
满足发展中国家的特殊能源需求（如提供离网电力）	高昂的能源价格和较低的能源消耗对能源安全的好处
让可再生能源更具成本效益的化石能源价格上涨所形成的威胁	个体消费者的环保意识
政府为促进可再生能源发展而采取的干预措施，如价格底线（可再生能源上网电价计划，REFIT）或补贴等市场机制	通过改善保温性提高舒适度
政府为促进可再生能源发展而采取的其他类型的干预措施（如投资于电网的现代化）	作为经济危机中就业创造源泉的绿色建筑
技术发展和生产力提高令可再生能源更具成本效益	作为新建筑活动驱动力的人口增长、城市化和生活水平提高
作为能源安全来源的国内生产的可再生能源	企业制造绿色建筑产品或提供绿色建筑服务的机会
可再生能源企业的经济机遇	建筑物存量的质量
降低进入能源市场的门槛	

资料来源：ILO 2011b, 2011c

　　国际劳工组织的每一份报告都是基于对众多发达国家和新兴国家的研究。这项研究特别注重可持续性的低碳方面。其他绿色行业的变革驱动力可能会更加注重可持续性的其他方面。

　　在研究变革的驱动力时，研究人员应考虑到某些与可持续性议程相关的具体问题，例如：

· 政府干预措施在塑造绿色行业的发展方面发挥着特别重要的作用，无论是通过法律法规、官方鼓励、对发展新能力的支持，通过重新平衡有利于可持续性的经济激励措施，还是通过利用补贴、碳定价、对不可持续的活动征税等机制或者通过受监管市场的保证价格。结果显然会有所不同，这取决于这些措施的有效性以及政府推行这些措施的力度和持久性，尽管最终结果确实还会受到政府控制之外的技术和市场发展的影响。

- 重要的是，研究人员应该意识到采用环境技术的经济学基础：
  - 即使没有政府干预，有些措施也会因为对企业和家庭有经济意义而获得成功。
  - 很多措施将会失败，因为它们在解决同样的问题时不如竞争性的（绿色）解决方案，或者这些措施只会在它们有优势的利基领域取得成功。
  - 有些措施成功的原因是政府利用监管坚持推行这些措施，并且认为其社会效益会大于社会成本。
  - 有些措施会成功，是因为政府干预使市场经济向其倾斜，这将弥补以下损失：对同一问题的绿色解决方案很少能够将其成本外化到社会上。
  - 很多措施将会失败，这是因为与绿色程度较低的竞争性解决方案相比，它们所带来的额外成本太高，导致政府不愿意向市场倾斜而使其成功。

- 研究人员还应该意识到，环境技术的经济性并不是一成不变的，同时还应牢记以下几点。
  - 竞争性非绿色技术的成本可能会发生变化，例如石油或天然气的成本。
  - 绿色技术的成本会发生变化。在许多领域，有大量有经验的经济体正在逐步努力使其绿色技术与现有的非绿色技术相比更具竞争力。在某些情况下，即使没有政府干预，也有可能使绿色技术的成本低于竞争技术的成本。

- 在某些情况下，一项绿色活动的可行性取决于该活动地理位置的资源质量。例如，太阳能技术在云层较少的低纬度地区最为可行。可持续林业取决于是否有合适的森林或适合林业使用的土地。

- 研究人员应意识到，绿色行业必须在以下两方面取得平衡：一方面，用绿色技术改造现有业务、基础设施或建筑物；另一方面，确保新业务有可能从一开始就采用绿色技术。

通常情况下，从一开始就实施绿色技术的成本要比从传统技术开始并在以后用绿色技术替代的成本低得多。这标志着发达国家与新兴国家和发展中国家之间的巨大区别，前者认为提升其遗留设备、建筑和基础设施的可持续性成本很高，而后者采用绿色技术的增量成本可能比传统的非绿色技术成本低。

- 在这里，消费者行为可能是一个重要问题。消费者对绿色技术的采用受到实际和感知的成本和效益问题的影响。同时也受到许多消费者支持可持续性的个人责任感的影响。对于许多可持续发展所需的实际变革而言，其采用取决于消费者做出的决定，也取决于政府和其他利益相关方为影响其决定所做的事情。
- 大多数影响绿色就业所需技能的变革驱动力并不是单独存在的，而是与其他变革驱动力相关并相互影响。

第 6 节 前景

1. 前景阶段的目的

分析的前景阶段涉及一个或多个场景的设定，以显示所研究行业总就业人数的未来发展。研究人员可能也希望对与所研究行业有关的未来间接就业进行估计。在这一阶段，定性和定量的信息都被用来设定场景：产出的形式是定量的就业场景，并辅以对每种场景下将发生的情况的定性描述。

如果研究问题都是定性的，研究人员则可据此进行这一阶段的研究，而不必构建就业的定量预测（技能研究问题和适当类型的方法概述见表 1.2）。

另外，也可以通过互动式的展望过程，让行业利益相关方对未来或未来的场景形成共同的愿景，从而形成前景。然后，他们可以讨论哪个版本的未来是最理想的，需要什么来实现它以及如何满足相关的技能发展需求。关于展望方法的更多信息可参见欧洲职业培训发展中心－欧洲培训基金会－国际劳工组织关于发展技能展望的指南（Kriechel et al., 2016）。

2. 描述性场景

在前景阶段，应首先为选定行业的发展制定一个或多个描述性场景。研究人员应该如何去做这件事取决于：

- 研究是否打算以该行业的其他规划和愿景工作为基础；
- 若如此，现有工作产生的未来观点有多坚定，利益相关者和技能研究人员认为分析将有多可靠。

在许多情况下，可以从其他规划和愿景工作中发展出一种或多种场景，或至少以这些工作为密切基础。根据现有的规划和背景制定场景非常简单，比如采用假设规划被成功实施的单一场景，或者可以根据不同的未来预测设定若干场景（无论是基于规划实施的不同方法，还是基于市场对规划的不同反应，或者是基于更广泛环境的不同发展）。在现有场景的基础上，这样不但减少了在技能研究中必须投入的精力，而且通过使战略和分析在未来发生相互联系以及使联合行动成为可能而带来了附加值。

例如，风能新装机容量的计划将成为预测未来风能的技能需求的良好起点。专栏 5.2 提供了一个南非的例子。

如果没有现成的规划作为场景的基础，就需要提出一个未来发展的大纲。虽然不可能全面介绍绿色行业的场景内容，但以下是一些可能会对研究人员有所帮助的通用例子：

- 采用一种适合于该行业整体或部分的新标准，通过举措和技术的变革来提高该行业的可持续性。新标准可以通过使该行业的产出更加畅销来促进活动；还可以通过将资源开采减少到可持续的水平来减少活动；为补充性经济活动创造机会；在检查和执法方面采取重要举措并就如何确保标准的遵守提供建议。

- 可在特定时间内利用特定技术进一步扩大可再生能源的容量。此举将在规划和设计、施工和安装以及运营和维护方面产生活动。如果该技术是以作物为基础的生物能源技术，那么它还将在农业或林业领域产生活动。

- 可采用一种新技术改造一些现有的基础设施（建筑、机械、发电、运输、供水和其他要素），以提高其可持续性（减少能源浪费、节约用水、减少排放及其他效果）。总的工作量将取决于基础设施中被升级的数量、比例、进度以及工作量。不同的场景可能基于对将升级的基础设施数量和升级速度的不同假设。根据用于鼓励采用新技术的机制，这可能会在检查和执法以及就遵守情况提供建议方面产生大量活动。

- 一个制造绿色技术的行业开始发展，并向国内和出口市场提供产品。通过创新、提高成本效率、贴近市场或依托其他竞争优势来源，该行业将在若干年内迅速增长，一旦产品市场成熟，它将在全球市场大行其道。

- 政府、捐助者或其他资金来源将会提供资金，鼓励采用绿色技术。现有资金的数量和计划使用资金的时间范围都是已知的。每单元的预期激励也是已知的，它表示在方案按计划进行时将安装的单元总数。如果知道每次安装所需的典型工作量，就有可能估计出所涉及的工作的人年（person years）数。如果安装容量如预期那样稳定，那么估计所要雇用的人数应该是举手之劳。

3. 将描述性场景转化为定量场景

制定技能需求定量预测的过程应从对选定行业的就业预测开始。然后将这些就业预测按职业分类并得出未来就业预测。如果需要的话，这些职业就业预测可以用来预测按职业划分的新工人需求。

将描述性场景转化为定量场景的第一步是决定将使用何种模型来生

成就业预测。这应该由研究人员试图回答的问题以及他们对行业界限的选择来决定。

并非每项研究都会包含定量分析，因为定量研究结果并非对每项研究都有用。还有一种情况是所需的努力与所得的利益并不对称，此时仅有定性结果就足够了。

图 5.5 概述了现有的选择。

	将行业纳入更广泛经济中的方法			
	未与更广泛的经济明确联系的定量分析	基于初级研究而非建模	投入产出或社会核算矩阵模型	动态模型（如可计算一般均衡模型或动态社会核算矩阵模型）
为建模而确定的行业边界	绿色行业的一个或多个子行业			
	绿色行业			
	包括绿色部分的广泛行业			

图 5.5　绿色行业就业建模的一般方法

与分析该行业级别有关的一项选择，即：

- 分析是否只针对绿色行业的某一子行业？也许只需要预测一下具体举措的就业效果就可以了。例如，目标可能是预测引进利用废弃物厌氧消化产生的气体发电对就业的影响。或者，目标可能是预测由政府方案产生的就业，以支持屋顶或阁楼保温材料的安装。
- 分析是否会寻求预测整个绿色行业（或核心绿色行业）的就业情况，如绘制行业边界时所定义的那样？
- 分析是否会涉及到绿色行业所处的整个行业，从而考虑到该行业的绿色和非绿色领域之间的互动？

最后一种方法通常被用于对电力行业或整个能源行业进行更复杂的研究。例如，就电力而言，应考虑到这样一个事实，即在电网中增加可变电力（如风能或太阳能）会增加对调峰电力（如燃气轮机或水力发电）的需求，以便在可变输出较低时提供服务，并对基本负荷电力（如煤炭发电、核电或地热发电）的需求、所需的电网基础设施以及电力定价产生其他影响。

因此，一些较为复杂的可再生能源就业预测项目是直接基于对整个电力行业甚至整个能源行业的工程研究。即使是那些只关注可再生能源的国家也必须考虑政策和经济对部署的限制，而这些限制最终都是基于工程考虑的。

研究人员通常希望将一个行业的就业模式置于更广泛的定量和定性背景中。研究人员至少要确定与核心行业活动有关的其他行业的主要就业领域。可以通过定性研究方法来确定。作为建模的替代办法，可以通过针对核心行业供应企业的企业调查来量化这种就业。企业调查可以包括有关技能、职业和培训的问题，这将有助于行业分析的后续阶段。

建立一个行业自身和其他相关行业的就业之间关系的最直接的定量方法是投入产出模型。社会核算矩阵建模与之大致相似，但包含了更多的经济变量。通过这些类型的模型估计一个行业的变革对另一个行业的就业影响并不困难。这些模型的好处是非常容易理解，因此可以向决策对象解释其工作原理和产出。然而这些模型的缺点是它们是静态的——既没有模拟关系随时间的变化，也没有考虑到短缺和价格效应。

工作强度最大的选择是将行业级分析纳入一个宏观经济模型，该模型基于整体经济的动态建模方法，并且考虑能源流动、价格效应和供应限制等因素。这样的模型会更加真实，因为它们能捕捉到更多的系统运行情况。另一方面，这样的模型也会更加复杂，意味着研究人员需要做更多的工作，费更多口舌向决策者解释这些模型的产出逻辑。通常只有在以下情况下采用动态建模方法才是可行的：研究人员可以利用现有的可计算一般均衡或动态社会核算矩阵的经济模型（这些模型可被人根据研究目的调整），而且研究人员对该模型有足够的了解并且能够对其进行调整。部分原因与使用动态宏观经济模型所需的努力和专业知识有关，但同时也因为验证这些模型的挑战意味着最好从一个已经证明对经济很有效的模型开始。

就如何将绿色行业的描述性场景转化为定量场景提供详细建议超出了本指南的范围。一般方法是利用对某种活动数量的预测来解释描述性场景，然后根据活动与开展活动所需劳动力数量之间的逻辑定量关系，将活动预测转化为就业预测。研究人员应从其他来源获得关于投入产出、社会核算矩阵、动态社会核算矩阵和可计算一般均衡建模技术的指导，这其中就包括国际劳工组织《发展中国家绿色就业潜力评估——从业人员指南》（Jarvis et al., 2011），该指南采用了基于投入产出建模的方法。

技能研究人员本身不太可能对各行业进行详细的工程建模，他们必须依靠行业的现有模型或与专家合作进行此类建模。然而，一个行业的详细工程建模通常是为了其他规划目的而进行的，而技能研究人员通常只是这种模型的众多用户之一。

也有可能采取更简单的办法在行业层面量化场景。以下是一些实际的例子：

- 就可再生能源来说，可以利用安装技术、能够产生的峰值电力输出（通常以兆瓦或千兆瓦为单位）和每年产生的能源（在这种情况下，通常以千兆瓦时、太瓦时或千吨石油当量为单位）来定量表示一种场景。[①] 与建筑和安装有关的就业通常与容量有关。与运作和维护有关的就业可能与容量或每年的能源产出有着更密切的关系，这取决于可再生能源技术。就生物能源而言，与提供和加工生物物质有关的就业与每年的能源产出关系最为密切。

对这些容量和产出措施与可再生技术就业之间的关系已进行了许多研究。鲁托维兹（Rutovitz）和阿瑟顿（Atherton）对迄今为止的研究结果进行了有益的回顾（Rutovitz et al., 2009）。根据从文献中得到的这些

---

① 以兆瓦和千兆瓦为单位衡量特定时间的电力。以兆瓦时、千兆瓦时和太瓦时为单位衡量能源。1 太（tera）= 1000 吉（giga）。1 吉（giga）= 1000 兆（mega）。一个 10 兆瓦的工厂满负荷运转 24 小时，将产生 240 兆瓦时的能源。该工厂半负荷运转一年，可产生约 44,000 兆瓦时即 44 千兆瓦时的能源。也可以用千兆石油当量来衡量能源：1 千吨石油当量（ktoe）= 11.63 千兆瓦（GWh）。

关系建立就业模型，的确是对可再生能源可能带来的就业进行初步估计的有用手段，但更可取的是调查与将要安装的技术有关的具体就业要求，同时牢记较新的技术可能并不是劳动密集型的。

- 在推动家庭节能技术改造的举措中，可以根据安装了一系列不同节能技术的家庭数量和类型或面积来制定方案。例如外墙保温、内墙保温、屋顶或阁楼保温、供暖和空调控制以及太阳能供暖。可以利用关于住房存量状况的信息来制定相关方案，并具体说明工作开展的速度。

然后可以根据与每项安装相关的劳动力投入的调查或个案研究数据直接估计就业情况，或根据对每项安装成本的调查或案例研究数据间接估计就业情况，包括成本中用于劳动力的比例，以及建筑行业的平均劳动力成本。

在绿色刺激计划的情况下，可以参照该段时期公共资金的支出额、公共资金所利用的其他来源（如企业和家庭）的资金额、总支出中用于劳动力的比例以及相关行业的平均劳动力成本来模拟一个地区的就业人数。职位数量最好用工作年（job-years）来表示。

在预测绿色行业的就业水平时，研究人员还应确定可能与其相关的就业模式。具体如下：

- 在某些情况下，职位将是稳定的，意即只要员工愿意，就可以工作很多年。例如，只要发电厂或生物燃料厂还在运行，向其供应生物质的职位就可能相当稳定。

- 在其他情况下，例如在与安装各种绿色技术有关的项目工作中，即使许多职位的持续时间有限，但只要投资率稳定，工人也照样可以在同一地区相当连续地工作。如果投资率不稳定，就业也会不稳定。例如，如果新的风能容量的安装速度能够保持相对稳定，那么参与场地开发和安装的工人可能会有相当稳定的工作，尽管他们经常从一个项目转移到另一个项目。

- 在其他情况下，如就业持续时间有限时，绿色和非绿色部分之间可能没有明确的劳动力市场界限，因此绿色就业职位空缺可能经常会由非绿色背景的工人填补。例如，绿色和非绿色建筑之间可能会有固定的建筑工人流动。

第7节　技能需求

行业分析的技能阶段旨在定性和定量地确定和预测行业未来的技能需求。它会首先关注当前和未来的技能需求（第7节），然后关注由于技能供应和需求不平衡造成的技能短缺问题（第8节）。

1. 当前技能需求

研究首先从职业构成和不同职业所需的独特技能方面了解一个行业目前的技能状况。从理论上讲，该行业的职业构成已经在其就业概况中作过充分的阐述。在实践中，往往有必要在这一阶段重新审视这一问题，以确保模型中就业的职业构成所依据的数据的可靠性和细节质量，并确保所使用的类别与该行业相关，然后对该行业的绿色和非绿色领域加以区分。

因此，审查现有数据的主要来源以及由此可能产生的问题是有益的。

可能有助于了解职业概况的主要证据来源包括：

• 从劳动力调查中获得关于一个行业或相关行业的职业数据：虽然研究人员定义的核心和扩展绿色行业通常不符合标准行业分类，但关于绿色行业构成的更广泛的单个或多个行业数据也可以提供重要的参考点。在某些情况下，绿色行业内的职业概况可能与绿色行业所构成的更广泛的标准行业分类没有太大区别。

• 如果劳动力调查数据所提供的信息不够详细，也可以利用初级研究来编制该行业的职业构成概况。可以通过企业调查（抽样调查就可达到该目的）甚至一套有代表性的案例研究来进行。一个可能的替代办法是，利用专家知识，向活跃在该行业的公司咨询，更有可能获得准确的信息。

在通过初步研究对某行业的职业构成进行描述时，通常最好采用该行业本身使用的职业名称，而非标准职业分类下的通用名称。这些问题将与被调查的公司更加相关，而且有可能将重点放在对该行业很重要，但在标准分类中不作为独特职业出现的职业上。研究人员可以从专家或利益相关方那里获得关于最好使用哪种职业分类的建议。

- 在某些情况下，可以在其他研究人员的工作中找到该行业的职业概况。在原则上，只要利益相关者一致认为所研究的行业有足够的相似性，就可以利用在类似国家处于类似发展阶段的同一行业的职业概况，以提高效率。

对一个行业中最重要的职业所从事的具体工作逐个进行研究，检查它们所安装或使用的独特技术并研究该行业内部工作的组织方式也是有益的。所有这些因素都对技能需求有着重要影响。

例如，从事现场维修的风力涡轮机技术人员可能会被归类为标准分类体系下的机械工程技术人员（《国际职业标准分类（2008）》下的3115），但他们也需要电气工程和电子控制系统方面的技能和知识以及风力涡轮机技术的具体知识。具备一定的结构工程知识也是有用的。这些技术人员大部分时间将在小团队中工作，或单独从事需要保持良好记录、遵守程序和展现主动性能力的工作，这将影响到所需的个人素质和核心技能。如果工作中存在一定程度的专业性，小团队环境将有利于高度的技能交叉。

对必要技能需求的研究程度会根据研究目的而有所不同。高层次的概述对于许多目的来说是足够的，而要为教育和培训系统提供广泛的政策指导，则需要进行更为深入的研究（类似于上面的风力涡轮机技术人员大纲）。要形成课程设计的基础，还需要进行更为深入的研究。

通过研讨会或访谈来向少数行业专家咨询，可以获得更高层次的概述。然而，如果是从头开始进行非常详细的调查工作，则需要在一系列企业中对相应职业的工人所从事的具体工作以及他们需要使用的技能进行广泛研究。这可以通过企业调查或类似课程开发的职业分析来完成

（DACUM, 2013）。然而在许多情况下，可以从其他国家获得现成的职业概况，对其进行调整可能比建立全新的职业概况更为可行。

在对技能需求进行定性研究时，研究人员一般应将目光放在核心绿色行业之外。大多数研究问题还会要求审查扩展绿色行业的技能需求，特别是那些有助于核心行业更有效地运作、发展和充分实现其可持续性潜力的技能需求。

对许多研究问题来说，还要考虑到更广泛的单个或多个非绿色行业内部的技能需求，而核心和扩展绿色行业应是这些行业的部分需求。这至少有助于研究人员了解相关的绿色和非绿色行业之间技能转移的程度，以及这些行业利用共同劳动力资源库的程度。

2. 未来技能需求—定性

除了要描述当前的技能需求类型外，还有一点也很重要，即研究人员还应该放眼未来，预测技能需求可能发生的质变，这可以通过采访行业的企业和其他利益相关者来部分解决。

还应通过考虑可确定趋势的影响来解决这一问题，至少应在上述变革驱动力的范围内考虑到以下问题。这种考虑可以包括：

- 研究同一行业中其他更发达国家的同类企业。被研究的行业是否有可遵循的模式？有哪些技能影响？
- 研究可能会对技能需求产生影响的技术变革，无论是其提高了单位劳动生产率（即用同样数量的工人生产更多），还是改变了在开发、生产、安装、操作、维护或咨询提供方面所需的技能。有哪些技能影响？
- 研究可能对技能产生影响的工作组织的可能变化。虽然可能会确定一些变化，如工作组织化会降低对技术技能的需求并减小主动范围，但许多变化会导致沟通、团队合作、计算机使用和问题解决等领域对核心技能有更强需求。自动化改变了操作级工作的技能含量，操作人员和装配人员的手工技能往往被管理和记录生产过程的基本技能以及机器的基本维护技能所取代。这往往也增加了对具备组装和高级维护能力的技术人员的需求。

3. 未来技能需求—定量

上文第 1 节和第 4 节已经讨论了技能需求的定量建模。行业分析往往使用整体经济模型中的定量信息，从而能够对行业进行分类。

职业就业预测

就业预测通过行业职业矩阵转换为行业的职业就业预测，该矩阵列出了所模拟的每个行业的职业构成。这是基于当前的技能需求分析中已经使用过的行业职业数据。如果现有的趋势或对技能的定性分析表明某一行业的职业构成会在未来发生变化，那么研究人员应在矩阵中增加一个时间维度，并纳入对职业构成未来变化的假设。

研究人员不妨为他们所制订的每一种就业场景编制职业预测。

编制就业预测的方式可能是将一个行业划分为若干个子行业。如果对每个职业构成进行单独分析，则可以在子行业层面进行职业预测。

不要过于强调预测，这一点对研究人员很重要。即使事件的结果与某一场景下的预测大致相同，每个职业的实际就业人数也很可能与预测相差甚远，在特定年份可能更会如此。因此，对于这类研究的任何报告，都应该保持谨慎。研究人员应避免给人以定量结果无懈可击的误导性印象。为避免这种印象，可将结论以图表或更定性的指标形式呈现；可对多年来的结果进行总结，并警告不要过分依赖细节。

职业需求预测

可以根据行业就业预测的每个职业来估计对员工的需求。通常最好的办法是将这些预测集中在有限的几个需要大量员工的职业上，而非试图详细地逐一涵盖行业的所有职业。可以将性质相近的职业归为一类，以实现这一点。

对职业需求的估计由两部分组成：基于行业就业人数变化的与增长有关的需求（扩充需求），以及基于对因退休、职业改变、转入不同行

业或其他相关原因而需要被替换的就业者比例的假设的替换需求:

- 与增长相关的需求是根据每年的就业水平变化预测算出的。
- 替换需求可以通过相对简单或更复杂的方法计算。使用更简单的方法,最常见的计算方法是用当年的就业人数除以上一年的就业人数。更复杂的方法包括队列要素法和纵向流模型。

原则上,可以利用调查数据确定一个行业工人过去被替换的比率。一些劳动力调查要求提供样本中每个人的就业行业和职业信息,这不仅与调查时间有关,而且与上一年情况有关。作为调查构成之一的企业调查,可以询问员工的流动情况,以及来自同一行业的新招聘人员的比例(雇员流动率高于行业替代率,因为在同一行业内雇主之间流动的工人不必被整个行业替代)。

然而在实践中,往往有必要根据从访谈中获得的有关劳动力市场情况的信息做出知情估计。在进行这一评估时,至少要考虑到以下几点:

- 如果一个行业在扩大,那么可能会有大量的人离开原职业去进一步发展自己的事业。
- 就某些职业而言,行业的劳动力可能会大量流向其他行业或迁出。
- 对于有大量女性劳动力的行业来说,重要的是要了解是否有大量女性在结婚或组建家庭后离开职场,并研究她们随后重返职场的模式。
- 根据劳动力的年龄结构,可能会有大量人员因退休而流失。如果工作对体力要求较高,许多工人可能会早在正式退休年龄之前就离开,或者退到要求较低的岗位,因为他们无法再有效地完成工作。一个行业绿色部分的年龄构成可能与非绿色部分有很大的不同,因为绿色部分倾向于引进新技术和创新工艺,这会吸引年轻的劳动力。

替代率往往在上一年就业人数的 2% 至 5% 之间,但在技能和培训要求低、就业关系薄弱或大量人员接近退休年龄的情况下,替代率可能会大幅上升。

研究人员应该意识到，实际替代率随时间推移可能会有很大的不同，这取决于劳动力市场的情况。如果工人对所从事的行业的信心较高且竞争机会有限，则替代率往往较低。在工人信心降低且出现好的选择机会时，替代率会大幅上升。

第8节 技能差距和短缺

1. 导言

技能短缺主要有两种类型，可能单独存在，也可能同时存在：

1. 数量上的技能短缺，即具有广泛适用技能的工人数量不足；

2. 质量上的技能短缺，在这种情况下，可用人员的数量可能是足够的，但他们的技能相对于所需而言是不足的。

2. 劳动力数量短缺 [①]

劳动力市场上技能短缺的证据

定量分析技能短缺的第一步是关注近年来劳动力市场上关于供需平衡发展的证据以及当前情况。

在技能分析中预测某职业或某类技能的供需平衡时，往往很难让供应数据与需求估计相一致。通过观察劳动力市场的实际情况可以深入了解实际的供需平衡及其发展情况。

如果空缺率很高，或者经济中的薪酬增长速度比其他类型的职业快，抑或劳动力流动很快（许多工人在某一行业的雇主之间流动），那么可能会供不应求。如果空缺率低，或者有合适资格的人失业或从事其专业领域以外的工作，或者薪酬低下，抑或自愿的劳动力流动率低，那么可能会供大于求。

---

① 本节的编写参考了国际劳工组织《贸易和出口多样化所需技能实用指南》(pratical guide on skills for trade and export diversification，STED)(Gregg et al., 2012)。

供不应求
• 空缺率高 • 薪酬增长快于经济中其他类型的职业 • 高劳动力流动率——许多工人在行业内的不同雇主之间流动

供大于求
• 空缺率低 • 有合适资格的人失业或从事其专业领域以外的工作 • 薪酬低下 • 劳动力自愿流动率低

图 5.6　劳动力市场失衡的信号

如果一些指标指向供大于求，而另一些指标则指向供不应求，那么情况可能会更加复杂。如果某行业的雇主抱怨难以找到足够数量的工人，但其他证据表明有很多工人根本不想在该行业工作，那么问题可能在于该行业的形象不好、工作条件差或薪酬水平与同一经济的其他行业相比没有竞争力，而非单纯因为供应短缺。解决办法可以是改善工作条件、提高生产率以便提高薪酬水平或者开发新的工人来源，而非努力提高现有来源的供应。

开发新的工人来源的举措包括为具有某些所需技能的人开设的转换课程、旨在吸引非传统背景的人参加的新的初步培训课程以及从其他国家进行招聘。

相关行业的劳动力来源

在详细研究关于关键技能来源的任何现有数据之前，重要的是检查相关行业主要职业实际使用的劳动力来源。

某职业对此的做法可能很直接——本行业只招聘一些特定课程或其他培训计划的毕业生[①]，如学徒制，并且会从这些课程中招收几乎任何人。这种情况最常见于某些受限制的职业，即只有具有特定资格、与特定的一套课程或其他培训计划相联系的人才能从事某项工作。某行业雇主和那些提供非常符合该行业需要的培训课程的雇主之间的合作也可以

---

① 这里所说的"毕业生"是指从任何实质性的教育或培训计划中获得资格的人，这些计划包括技术和职业教育与培训、大学级的课程、学徒制以及其他部分或全部在工作场所进行的正规学习计划。

导致此类情况。

更广泛地说，一个行业可以从国内任何教育和培训机构招聘具有特定类型资格的毕业生。在很多情况下，以此为基础进行招聘的雇主在做出选择时，都会考虑到课程提供者或其取得的成绩。有些公司的要求会比其他公司低，然而并非这些课程的所有毕业生都会被认为具有足够技能且能够有效组成劳动力。

不过也有其他可能性。对于具体类型的职位，雇主可以：

- 招聘与具体职位所需资格无关的人员，并就所需的具体技能对他们进行培训；
- 招聘资格广泛相关的人员，并给予具体的培训和经验指导；
- 为现有雇员提供培训，或赞助他们接受外部培训；
- 从其他行业招聘具有所需技能的人；
- 招聘具有所需技能的外来人员；
- 从现有劳动力之外或从失业者中招聘人员。

对现有劳动力供应量的估计应基于其行业实际使用的劳动力来源，以及雇主和其他利益相关方认为可以使用的劳动力来源，而非基于最易于获得的任何数据。

重要的是，研究人员不应假定某行业一定会利用所供给的有资格从事某项职业的人员。

量化和预测不同职位类型的复杂程度不同。虽然涵盖毕业生和失业者的例子在定量供给模型中较多，但只有非常完善的模型才会明确地研究劳动力供给在行业之间的转换 ①，而人口内迁在量化和预测方面总是非常具有挑战性。

---

① 例如，荷兰教育和劳动力市场研究中心编制的模型中有一个关于替代的模块，该模块假设与教育没有直接联系的行业和职业可能会对人员产生需求。

来自教育和培训	在新技能供应的主要来源是教育和培训计划的情况下，关于这些计划的毕业生流动情况的数据可以提供关于技能供应的重要信息。一些**学生和毕业生类型**的数据是值得关注的。 　　**毕业生数据**——相关课程毕业生人数的历史时间序列数据。 　　**学生数据**——系统内学生、实习生和学徒人数的历史时间序列数据，最好按计划阶段分类（高等教育按课程年份）。 　　**新生数据**——关于学生、实习生和学徒占据位置人数的历史数据。这些数据不一定与一年级人数的数据相同——根据课程和国家的不同，大量新生可能会在统计学生的参考日期之前离开，还有些学生可能会重读一年级。 　　**第一目的地数据**——关于学生毕业后去向的历史数据，涉及就业、进修、失业与其他目的地的比例以及就业者所去的行业和职业信息等方面。
	在大多数情况下，**引用毕业生数据**足以证明有多少可用毕业生。如果课程持续时间超过一年或两年，那么也有必要引用学生或新生人数的趋势来说明毕业生输送的发展情况。 　　研究人员应预料到，在大多数情况下，他们只能利用其中一些类型的数据，他们**不一定能获得一个国家教育和培训系统所有相关部分的**数据，而且按科目和学习水平（及资格）分类的系统也不一定适合其研究需求。他们应该做好这样的准备，即他们希望在分析和报告中使用的大部分学生、实习生、学徒和毕业生的数据都无法从现有的来源中获得，他们只能利用手头可获得的数据来完成自己的工作。
来自未充分利用的劳动力库	前面关于劳动力来源的讨论强调了一些类型的来源，这些来源大致属于"未充分利用的劳动力库"类别。在许多情况下，**这些劳动力库都远远大于需求**，这时就没有多大必要对其进行量化。例如，在一些国家，当相关人群库是"年轻失业者""自给农民的家庭成员"或"有兴趣进入有偿经济的家庭主妇"时，就可能出现这种情况。
	在其他情况下则可能需要更加具体，例如，不仅要能够确定总供应量，还要确定足够且广泛适用的技能供应量。如果需要将这些人数量化，通常是**从公共就业服务机构（public employment service, PES）**，或从对来自劳动力调查的详细数据的分析中获得数据。
	例如，**相关人群**可以是： 　　**具有特定资格**或从事特定职业的**失业人员**——可从公共就业服务或劳动力调查中获得； 　　**至少具有特定教育水平的失业人员**——可从公共就业服务或劳动力调查中获得； 　　**在某特定职业中从事兼职工作并声称自己就业不足的人员**——可从劳动力调查中获得。

来自现有劳动力库	从劳动力已被充分利用的现有劳动力库中获取劳动力，无论是在本行业内还是从其他行业中，都意味着利用已经充分就业的群体。**招聘另一行业所雇用的工人的**范围既取决于其他行业雇用了多少具有所需技能的工人，也取决于寻求招聘这些工人在数量上是否容易实现净增长。
	虽然一个行业企业之间的流动不会增加供应，但**提高该行业已就业人员的技能**却能增加供应。估计潜在的供应量主要是估计适合提高技能的人数——也许是根据职业数据——以及可以实际提高技能的人在其中所占的比例。
	也可以从**劳动力调查数据**中量化其他行业的就业人数。通常很难采用分析方法来量化可以招聘多少人。然而，来自公司或就业服务机构的**访谈证据**可以提供合理的估计。对**这些行业的区域分配、薪资水平和工作条件进行分析研究**，可以为估计提供进一步的信息。建立一个考虑到这些因素的定量模型将非常困难，但可以考虑应用合格的定性估计。
来自人口内迁	一般来说，很难对从外边吸引来的有一技之长的人员人数进行精确量化。经常要**询问的相关问题**是：是否有大量的国际流动的技术劳动力可供使用，国家和行业对这些人员是否有吸引力，关于人口内迁的规定是否有利于招聘这些人员以及他们来这个国家的方式是主动前往还是被动招聘。根据对这些问题的回答，可以对招聘外来人员的限制因素做出大致评估。
	关键的数据来源包括负责控制或记录人口内迁的部门或机构以及关于特定行业的技术工人流动的国际文献。

图 5.7　一个行业不同劳动力来源的量化和预测

在行业研究中，必须始终牢记相关行业的整体供应量并不总是可用的。每个行业必须与经济中的其他行业竞争，甚至可能在吸引合格劳动力方面要面临其他国家的竞争。劳动力的分配取决于各种情况，如薪资水平和差异、劳动条件、法律规定和空间考量。定量数据（可能还有一些劳动力供应的预测模型）总是需要与定性假设和对某行业供应量的估计相结合。

供应的定量措施与需求预测的比较

对供应差距的定量分析必须考虑到现有供应来源的多样性，以及需求定量预测所代表的实际需求。比较需求量和供应量的描述性方法通常比简单计算其数量预测之间的差异更为可取。在大多数情况下，对供应和需求的估计都需要仔细说明，以避免出现可比性问题。简单的供需平衡应被视为只是指示性的，如果不对之加以谨慎说明，就有可能会产生误导。出于这个原因，人们仅将其用于为明显不够精确的指标或趋势描述提供信息，而且通常不对外公布它们。

将未来供求关系的比较植根于当前的劳动力市场条件是很有帮助的。如果当前年度的供需平衡模型反映的情况与劳动力市场条件的定性证据相一致，那么就说明该模型得出的平衡大致正确。如果不一致，那么它就提供了有益信息，有助于校准模型以更准确地反映现实或对模型预测做出合理说明。

3. 定性供应差距

分析未来的定性供应会涉及到两个问题：

- 为了满足当前的技能需求，必须解决哪些现有的定性技能差距（不足）？
- 技能需求正在出现哪些质变？

当前的技能不足

虽然工人代表、教育和培训机构以及就业机构的观点也是相关的，并且可以帮助研究人员得出非常均衡的结论，但是关于现有技能与现有行业所需技能之间定性差距的信息最好通过与雇主的协商获得。

需要询问的关键员工群体包括：

- 现有雇员；
- 可供劳动力市场招聘的有经验的人员；
- 教育和培训课程以及学徒制的新毕业生。

应该询问所有职业层次（从非技术工人、操作人员、装配人员直到高级管理人员）的不足。

经验表明，高级管理人员对自己职业群体的技能评价可能过于慷慨。由于管理技能是决定企业效益的重要因素，因此，对这种技能的独立评价就显得尤为重要。

专栏 5.1：绿色就业所需核心技能

关于绿色就业所需技能的全球综合报告确定了绿色就业所需的以下主要核心技能：

- 令决策者和企业管理人员能够制定正确的激励措施并创造有利于清洁生产、清洁运输等条件的战略和领导技能；
- 令工人能够学习和应用其职位绿化所需的新技术和新流程的适应性和转移性技能；
- 环境意识和学习可持续发展的意愿；
- 以促进采取纳入了经济、社会和生态目标的综合和跨学科方法的协调、管理和商业技能；
- 以评估、说明和理解变革的必要性和所需的具体措施的系统和风险分析技能；
- 以抓住低碳技术相关机会的创业技能；
- 以发现机会并制定新战略来应对绿色挑战的创新技能；
- 以讨论复杂背景下的利益冲突的沟通和谈判技能；
- 推广绿色产品和服务的营销技能；
- 为消费者提供有关绿色解决方案的建议并推广绿色技术的使用的咨询技能；
- 能为在全球市场上大展身手提供一臂之力的网络、信息技术和语言技能。

资料来源：Strietska-Ilina et al., 2011

在询问教育和培训课程新毕业生的技能和职位准备情况时，研究人员应意识到，雇主希望雇员从被招聘的那一刻起就能充分发挥作用，而教育和培训机构则希望确保其毕业生具备适合所有雇主的学科基础，并准备在整个职业生涯中继续学习，这两者之间往往存在矛盾。虽然雇主关于教育和培训机构没有充分满足其技能需求的说法往往是有根据的，但研究人员不能认为情况总是如此。通过比较来自多个雇主和更广泛行业的详细信息，研究人员可以判断不同雇主是否确定了相同的技能差距，现有的课程是否针对特定公司以及是否与非常狭窄的行业有关。

在询问技能不足时，研究人员至少要考虑到三种不同类型的技能：

- 与职业相关的一般技术技能和知识；
- 就业所需的具体技术和企业特定技能；
- 有效履行职责所需的核心或通用技能，包括专栏 5.1 所列的技能。

新兴的定性技能差距

除了当前的技能不足，研究者还应该调查新兴和未来的定性技能差距。在对未来技能需求的评估中，研究人员将解决未来的定性技能需求。审查这些问题将揭示出需要解决的潜在差距。

其中一个例子是代表南非－德国能源计划进行的一项研究，该研究评估了南非风能行业的培训和技能需求（GL Garrad Hassan，2012）。该研究基于场景用中、高、低三个估计值（2030 年前每年在运行、维护、安装和制造方面的职位估计值）对就业情况进行了预测，并将这些估计值与风能项目不同阶段（项目开发阶段、建设和安装阶段、运行和维护阶段、风力涡轮机和部件制造阶段）所需的技能水平（技术工人、技术人员、工程师）联系起来。

根据南非职业组织框架，该研究对南非风能行业所需的培训和技能进行了分析。该研究概述了培训课程，估计了需要培训的人数，并为今后的培训推荐了培训机构。专栏 5.2 提供了一个培训课程分析的例子。

专栏 5.2：对风能服务技术人员的三年学制培训

阶段：操作和维护

技能水平：技术人员

资格水平和职业概况	至于其他技术人员培训课程的入学问题。国家资格框架 3、4。适用于职业组织框架分类 311301、311401、311501、311905，直至分类号 215104（风能技术专家）或 313105（风能技术人员）。
数量	100 人 / 年
持续时间	3 年
教学大纲	机电或机电技术人员培训包括： 对风力涡轮机的认识； 安全：高空作业、起重机和吊车使用、电气； 桅杆和塔楼攀登、救援； 适用于风能行业的机械和液压服务、测试、故障查找和维修技术； 适用于风能行业的电气服务、测试、故障查找和维修技术； 适用于风能行业的控制和仪表服务、测试、故障查找和维修技术，包括使用风电场数据采集与监控系统； 中压电气开关设备的安全运行。
合适的提供者	机构：高校。可能与风力涡轮机制造商有一定的合作或由其提供。

资料来源：GL Garrad Hassan, 2012

第 9 节　建议

1. 建议范围

研究人员很可能希望回答的关键问题有：

- 如何避免现有和预期的未来关键技能短缺和差距？
- 现有培训和教育机构如何更好地满足需求？
- 还可以使用哪些技能供给来源？
- 如何更好地预测未来的技能需求？
- 企业如何提高其员工技能？

在这些问题的基础上，技能研究项目可以为政府、教育和培训机构、企业以及其他潜在利益相关者（包括行业和雇主组织、雇员组织和专业组织）提出具体建议。

可根据每个国家的制度安排和实施的实际情况，决定哪些建议应针对哪些实施组织。例如，在某些情况下，教育或培训机构可以很容易地实施关于提供某类课程的建议，此时只需要行业机构提出建议，而在其他情况下，可能还需要政府部门或机构的资助和许可。

一般类别的建议包括：

- 关于制定、修改或扩大特定类型的学习计划以满足技能需求的建议。
- 关于改变制度安排以改善劳动力市场运作的建议，其中可能包括：
  - 技能预测；
  - 公共和私人就业服务；
  - 技能培养、贸易和创新的激励制度（税收、补贴和其他措施）；
  - 能力培养举措，如训练员的培训计划，以提高教育和培训机构、雇主和其他相关方在满足技能需求方面的能力；
  - 提高贸易、行业、企业、投资、劳动力市场和技能政策之间的一致性；
  - 社会伙伴之间的对话。
- 如何实施这些建议。

2. 把技能需求分析与关于学习计划的建议联系起来

大多数建议可能是在分析技能差距之后提出的。这些将来自：

- 现有的和预测的技能短缺；
- 现有的和正在涌现的技能供应的质的差距。

形成建议的过程主要包括确定可以采取哪些实际行动来解决每一个被认为重要的差距。

在某些情况下，最好列出一个以上的潜在可行方案，并让利益相关方从中做出选择。

对于每一种所需的技能，有必要回答以下问题：

- 为了获得本行业所需的这类技能，应以谁为目标？
  - 离校生、培训课程的毕业生、高校毕业生等尚未进入劳动力市场的群体？
  - 本行业已经雇用的具体职业？哪些职业以及这些职业内的人员概况？
  - 在其他行业就业的技术工人？哪些职业和哪些行业？
  - 正规劳动力之外的群体？哪些群体？
  - 来自其他国家的技术工人？
- 应该采用何种干预措施？
  - 基于高校的基本教育或培训课程？高等教育或技术、职业或培训水平，以及这些水平中的什么资格？全职、兼职或某种形式的灵活或远程学习？
  - 学徒制？其他实践性学习和课堂性学习的结合？
  - 在机构或工作场所进行的继续教育和培训？以课堂为基础？以实验室为基础？以工作场所为基础？电子学习还是混合式学习方法？上述的一些组合？
  - 个别辅导还是团队引领？在公司内部或通过专业团体会议、非正式网络或其他结构向同辈学习？自主的学习方法，如使用电子学习材料、文本、手册或网络资料？

在考虑可采取的干预措施时，应该重新审视有关该行业所使用和可利用的劳动力来源的问题。这些已在 5.8.2 节中进行了讨论。

- 哪种类型的机构应该领导、设计和实施这些干预措施？
  - 已建立的公共技术、职业和培训机构？
  - 大学或其他高等教育机构？
  - 培训中心（包括英才中心）、雇主组织、雇员代表组织或那些由两方或三方建立的组织？
  - 私人培训机构？
  - 与该行业相关的其他机构，例如专业团体、雇主或雇员组织（在培训中心范围之外）、发展机构、监管机构、研究中心、公私伙伴关系以及行业技能委员会？

　　○ 与利益相关者合作的技术援助项目？

- 谁应该为干预措施提供资助或共同资助？开展和启动费用、持续供应的开销和参与者的时间成本都是相关的，并且可能需要由不同的利益相关者或其组合来承担。

　　○ 现有的供应框架，以及关于如何分配成本的完善先例？还是应该创建一个新框架，或者修改现有框架？

　　○ 多个或单个雇主的组织？

　　○ 个人还是员工组织？

　　○ 政府——直接还是间接？

　　○ 国际筹资倡议？

　　○ 上述的一些组合？

　　在某些情况下，应对更广泛的体制环境进行评论，建议对制度安排进行各种修改，以便对该行业进行必要的变更，从而使该系统对技能将来可能会出现的问题做出更迅速的响应。

3. 关于实施的建议

　　研究人员应考虑列入实施建议。

- 在许多情况下，建议由一个现有的利益相关方团体负责确定实施建议的优先次序，并推动实施。在其他情况下，建议为此设立一个利益相关方工作小组，并由一个或多个具体利益相关方牵头，以确保该小组的成立和有效运作。

- 在某些情况下，可以要求特定组织采取具体行动。

- 在某些情况下，只能建议广泛的利益相关方群体，如雇主及其组织，政府及其各部门和机构，工人代表组织，大学、技术或职业教育和培训的公共机构，其他培训机构、监管机构和其他机构。

- 总的来说，应该对技能预测结论和建议的实施情况进行审查和评估。制作一个这类的建议书往往大有裨益。

第6章 研究过程

第1节 引言

这里描述的研究过程是在国际劳工组织向一个国家或跨国集团的成员提供技术援助的情况下进行的，无论工作重点是在国家层面、超国家层面还是次国家层面。

第2节 开展研究

旨在确定和预测关于可持续发展所需技能的研究项目采用不同方法，其中包括：

- 案头研究；
- 统计分析；
- 与利益相关者和专家通过结构化或半结构化访谈进行的田野研究（在大多数情况下）；
- 通过邮寄、电子邮件、网上发布或由研究辅助人员以电话形式进行的基于问卷的企业调查（在某些情况下作为行业级研究的一部分）；
- 经济建模（当需要定量结果时）；
- 专题小组；
- 利益相关方研讨会；
- 与利益相关方举行的交互式远景会议（interactive foresight

sessions）。

本指南不对每种方法的通用方法以及在绿色就业所需技能方面应用这些方法的各种选择做详细研究。然而，研究人员可能会发现，参考国际劳工组织关于绿色就业所需技能的其他出版物是有用的，这些出版物展示了这些方法是如何在不同国家被付诸应用的（见专栏 6.1），他们还可以考虑国际劳工组织关于技能需求预测的其他工具（参见 ILO，2015a）。

研究可能利用的资源包括：

- 发挥各种作用的国际劳工组织国家办事处、区域办事处或分区办事处；
- 负责实地研究和企业调查工作的当地咨询公司；
- 负责经济建模工作的当地或国际咨询公司（取决于能力）；
- 国际劳工组织总部在有可用资源的情况下可能提供的技术支持。

专栏 6.1：国际劳工组织在绿色就业所需技能领域的出版物

国际劳工组织编写了一些关于绿色就业所需技能的出版物，其中提及了最不发达国家：

2011 年的研究报告《绿色就业所需技能——全球视野》审查了发达国家和发展中国家在调整它们所提供的培训以满足绿色经济的新需求方面的经验。该报告以 21 个国家的研究为基础，包括以下最不发达国家：孟加拉国、马里和乌干达。

2011 年的研究报告《可再生能源的技能和职业需求》和《绿色建筑的职业需求》汇集了包括埃塞俄比亚、尼泊尔、乌干达和赞比亚在内的 33 个国家的研究结果。关于在早期确定技能需求方面，欧洲委员会和国际劳工组织之间进行知识共享的联合管理协议促使这些国家着手准备。

2011 年的政策简报《全球经济绿化：技能挑战》提请发达国家和发展中国家的决策者和社会伙伴注意技能发展在促进向绿色经济

的过渡和把握过渡所带来的就业机会方面的作用。

2013 年的政策简报《为最不发达国家发展绿色经济：技能和培训的作用》提请最不发达国家的决策者和社会伙伴注意技能发展在促进绿色经济建设方面的作用。

第 3 节　当地伙伴以及对研究过程和结果的所有权

促进信息获取和提高建议实施概率的两个关键因素是：当地伙伴的参与、确保利益相关方对结果的所有权。

国际劳工组织与各国劳动部门、工会和雇主组织之间的牢固关系有助于其接触处于有利地位的伙伴。这些伙伴应从一开始就系统地参与这一过程，包括帮助决定工作范围和要解决的问题类型。当在行业层面进行研究时，他们还应参与对行业的选择。

在某些情况下，关于技能的社会对话的三方机构已经作为一个国家的自然对应机构存在。在其他情况下，在确定当前和未来的技能需求时，研究人员可首先把一个行业相关的利益相关方聚集在一起，从而为关于技能的社会对话奠定基础，并使政策更加协调一致。

促进所有权和推动实施研究报告中的建议的一个重要方面是使其符合现有的可持续发展战略规划。绿色就业和技能研究人员通常基于现有计划进行分析，从中可发现可信且得到主要利益相关方支持的可持续发展计划。这也意味着要密切关注正在进行的战略制定和实施过程，并在可行时使研究及其建议与这些举措保持一致。

第 4 节　后续行动和实施的三条途径

通过提高利益相关方对技能发展的认识并促进他们之间的对话，以确定当前和未来对绿色就业的技能需求的过程，有助于改善实地情况。然而，许多建议的着眼点可能会超越直接的一次性变革。因此，规划还应包括后续活动的规定，以支持实施。这些活动的范围和安排可以不同，不一定非要局限于与技能相关的活动。

关于如何以最佳方式开展这些活动的决定，将在很大程度上取决于各国的具体情况、可用资源以及国际劳工组织和其他组织目前正在进行的工作。一般来说，可以采取以下一种或多种途径进行后续行动和实施：

- 如果技能研究是作为一个独立项目进行的，则可将资源考虑在内，以支持短期或中期的后续活动。这可能涉及为开发新课程提供资金和技术支持，或向已被确定对这一过程至关重要的培训机构提供其他具体形式的支持。它还可以包括确定和资助培训方案或培训训练员，以满足已被确定为优先事项的具体需求。如果设想的时间框架较长，还可以包括支持建立一个国家级或行业级的技能预测和技能政策咨询机构。

- 该方法可用于能力建设和向现有机构提供支持，以推进技能预测和教育规划。在这种情况下，重点将是使相关的地方机构能够独立和持续地在技能确定和预测领域开展工作。

- 可将绿色就业所需技能的研究纳入技能、可持续发展、行业和私营部门发展、促进就业和企业发展等领域更广泛的技术支持项目。分析结果将通过国际劳工组织在技术和职业培训改革、贸易和就业对话、技能预测、劳动力市场信息系统、促进终身学习、青年就业和企业发展等领域的既定方法为后续工作提供信息。

这些途径并不限于将本文件所述方法应用于国际劳工组织的项目，将其纳入多机构项目也是可行的。特别是，它们可以为与可持续性有关的支持项目增加一个技能和就业角度。在这种多机构项目的逻辑中，每个机构都根据其具体的技术专长做出贡献，对绿色就业所需技能的研究可以通过将国际劳工组织在技能发展方面的经验纳入可持续发展的整体战略方法做出重大贡献。

第7章　可持续发展的技能确定与预测的制度安排

第1节　技能确定与预测的制度路径

行之有效的制度路径一般都有一个共同点，那就是要聚集对一个行业技能感兴趣的主要利益相关方的代表，包括雇主、工人代表、政府部门和机构以及该行业的教育和培训机构。为了使这些方法有效，需要有一个有能力开展或管理技能研究的秘书处提供支持，并负责管理日常的技能预测议程，而利益相关方代表则为这一过程提供咨询并进行管理。

在技能预测概念完善的国家，技能预测机构有多种不同的形式。一些国家（主要是较大的国家）已经建立了行业技能委员会制度。行业技能委员会通常由对本行业技能感兴趣的主要利益相关方的代表组成，包括雇主、工人代表、政府部门或机构以及教育和培训机构，并由秘书处提供支持。行业技能委员会的典型职能包括技能预测，也包括参与设计资格证书和开发课程、协调利益相关者之间的合作和促进教育和培训的创新，有时还涉足教育和培训的质量保证和筹资等领域。

拥有完善行业技能委员会的国家包括澳大利亚和英国，孟加拉国也正在建立其行业技能委员会系统。拥有行业技能委员会的国家还设立了国家级的委员会，以协调和整合不同行业级委员会的工作，并负责跨行业的举措。

在许多情况下，绿色就业所需技能由现有的行业技能委员会负责。

例如，在澳大利亚，绿色就业所需技能由几个行业技能委员会合作处理，其他利益相关方也通过《绿色技能协议》参与。

在某些情况下，还为绿色行业设立了专门的行业技能委员会。例如，韩国在可再生能源和绿色金融领域成立了人力资源开发行业委员会。在其他国家，行业技能委员会的职能散布于一系列机构，主要是在行业级机构。其中许多机构设立了技能和就业观察站以开展技能预测工作，这些工作可与利益相关方和其他机构（大多是现有的行业级机构）的工作挂钩。

法国在这方面设立了 11 个行业委员会（comités de filières），这些委员会代表了被认为最有希望创造绿色经济职位的行业。这些行业是：农业和林业、汽车工业、生物多样性和生态系统服务、建筑业、机电、电力建设和网络、燃料和绿化学、可再生能源、海洋贸易、运输业、旅游业、水、环境卫生、废弃物和空气。委员会的作用是对每个行业在培训、就业政策和所需技能方面的需求进行定量和定性分析。它们还受委托以提出适合每个行业的具体措施，如全面改革资格标准。

一些国家（主要是较小的国家）在国家层面设立了单一的中央技能预测机构，其中包括了社会伙伴和其他利益相关方的代表。例如，爱尔兰成立的未来技能需求专家组对绿色经济的技能需求进行研究并提出建议，涉及了多个行业（EGFSN, 2010）。

如果已经存在将主要的利益相关方聚集在一起的强大行业级机构，可能就没有必要为技能预测建立单独机构。例如，在德国，烟囱清扫工的职业已经发展到其成员可以检查建筑物能源效率的程度，他们中的许多人已经参加了相关课程，以便为提高现有建筑物能源效率而建言献策。

第 2 节　促进可持续发展的技能预测的制度路径

在审查技能预测的制度安排时，国际劳工组织编写了关于向低碳经济过渡的劳动力市场的技能需求确定方法的比较分析报告（ILO,

2011a）并发现了重要模式。

在国家级开展的关于低碳经济技能预测的关键政策工作大多是在已有的制度安排内进行的。使用行业技能委员会的国家（其中许多是英语国家）仍然采用相同机构。使用专题观察站的国家（特别是法语国家和西班牙）仍在使用这些观察站。做出分散安排并由各部门委托进行研究的国家（如德国）仍在使用大体类似的安排。在美国，以技能预测为目的的关键政策工作符合美国劳工统计局和职业信息网开展的更广泛的工作计划。在爱尔兰，技能预测研究由一个为政府提供咨询的小组负责，该小组已经进行了关键研究。

社会对话是许多国家既定的技能预测安排的一个重要特征。政府、雇主、工人代表以及教育和培训机构都在技能预测方面有相应能力和知识。它们的结合对基于研究的拟议行动和技能政策的分析质量提高和有效实施都有积极作用。

向低碳经济过渡的技能预测的一个显著特点是，与具体发展相关的问题往往停留在技能需求层面，并跨越了既定的行业界限。有证据表明，那些通常根据既定的行业定义在行业层面进行技能预测的国家正在实施整合安排（例如澳大利亚和英国），以确保以协调方式解决低碳经济的技能问题。

在对技能预测的行业定义比较灵活的国家，这反映在不符合传统行业界限的预测安排上，如韩国的绿色金融和新可再生能源行业的技能委员会，以及法国的国家绿色就业和贸易观察站。

为使教育和培训适应向低碳经济过渡的技能需求，有相当一部分工作是通过正常的机制运作进行的，以升级教育和培训，并满足教育和培训机构、雇主和工人代表之间协商确定的技能需求。资格认证机构和专业机构等组织正在为这一过程做出它们的贡献。例如：为电工学徒提供现代供热控制和光伏太阳能板安装方面的额外培训；一家电气和机械技术人员的培训机构应风力发电厂开发商的要求，决定为风力涡轮机的技术人员组织培训。

在某些情况下，通过专业组织的国际团体或技术和专业的教育培训机构可以实现一定程度的国际协调①。

除了既定的技能预测安排，雇主组织、劳工组织、次国家政府、民间团体组织以及负有企业发展或低碳过渡责任的部门和公共机构还独立开展了大量有关技能问题的研究工作。虽然这项研究对向低碳经济转型的更广泛政策做出了重要贡献，但对技能预测的贡献却比较有限。

与技能预测有关的主要贡献包括：

- 一些研究探讨了具体政策建议或基于具体政策目标实现的未来设想对就业的预期影响。这种分析在很大程度上说明了建议的可行性，并有助于规划实施方案，尤其是在分析范围不仅仅局限于考虑就业影响，而是着眼于特定技能需求的情况下。由于技能可用性是实施工作的一个关键促进因素（也可能是一个关键障碍），因此这种分析在规划过程中非常有用。

- 研究的其他部分探讨了向低碳经济过渡对就业质量可能产生的影响，以及就业方面可能出现的得失。这些问题都与技能预测有关。

第 3 节　关于技能确定和预测的制度路径的结论

如果一个国家、国家集团或次国家实体希望对可持续发展的技能确定和预测进行研究，那么在制度路径上则有多种选择。如果已经有一套完善的技能预测制度路径，那么在研究可持续发展的技能时就没有理由不继续使用这种方法，但必须满足以下两个条件：

- 如果现有的方法是基于行业的，那么可能需要调整制度安排，以确保跨越标准行业界限的问题得到充分解决。

- 在许多情况下，关于可持续发展技能预测的研究项目都是在现有可持续发展规划过程的基础上进行的，而在现有规划过程和技能

①　以建筑学为例，欧盟委员会根据欧洲智能能源下的欧洲大学课程和建筑培训中的环境设计行动在这方面做出了贡献。该行动支持一项关于建筑学课程中环境可持续性课程开发的技术现状和框架开发的研究。

预测工作之间建立体制联系往往是有益的。

如果在一国内仍然没有既定的技能确定和预测方法，那么参与该领域的研究工作可以为国际劳工组织成员和其他利益相关方提供一个积累知识的好机会。成员通过参与关于可持续发展技能确定和预测的研究，从中了解情况，也可能会有助于其就国家技能确定和预测系统的制度安排所可能采取的形式形成自己的观点。

缩略语

机构

Cedefop	欧洲职业培训发展中心（www.cedefop.europa.eu）
EGFSN	未来技能需求专家组（http://www.skillsireland.ie/）
ETF	欧洲培训基金会
GIZ	德国国际合作机构（www.giz.de）
IEA	国际能源署（www.iea.org/）
ILO	国际劳工组织（www.ilo.org）
MSA	澳大利亚制造业技能协会
OECD	经济合作与发展组织（www.oecd.org）
PERI	马萨诸塞大学阿默斯特分校，政治经济研究所（www.peri.umass.edu）
UNESCO	联合国教科文组织（www.unesco.org）
UNEP	联合国环境规划署
VATT	芬兰政府经济研究院（www.vatt.fi/）

其他缩略语

CBD	《生物多样性公约》
CGE	一般均衡模型
CVT	继续职业培训
CVTS	继续职业培训调查
DACUM	教学计划开发（职业分析方法）

DHET	高等教育培训部（南非）
DySAM	动态社会核算矩阵
E3ME	欧洲能源－环境－经济模式
EDUCATE	欧洲大学课程和建筑培训中的环境设计
GDP	国内生产总值
GEO	《全球环境展望》
HCIS	高碳排放量行业
HE	高等教育
HRD	人力资源开发
ILC	国际劳工大会
ISCED	《国际教育标准分类法》
ISCO	国际标准职业分类
ISIC	《所有经济活动的国际标准行业分类》
KILM	《劳动力市场关键指标》
Ktoe	千吨石油当量
LCIS	低碳排放行业
LEED	绿色能源与环境设计先锋奖
NACE	欧洲共同体经济活动的统计分类
NAICS	北美行业分类系统
NQF	国家资格框架（南非）
O*NET	职业信息网（美国）
OFO	职业组织框架（南非）
PES	公共就业服务
PESTLE	大环境分析（政治、经济、社会、技术、法律、环境）
POLA	政策分析（芬兰）
R&D	研究和开发
ROA	教育和劳动力市场研究中心（荷兰，马斯特里赫特大学）
RSC	可持续变革地区
SAKERNAS	国家劳动力调查（印度尼西亚）

SAM	社会核算矩阵
SCADA	数据采集与监控系统（南非，软件系统）
SMEs	中小型企业
SOC	标准职业分类
STED	贸易与经济多元化技能
TVET	职业技术教育与培训
UNFCCC	《联合国气候变化框架公约》

关键术语

学徒制（apprenticeship）：一种通常将在职培训和工作经验与机构培训相结合的培训制度。它可以由法律或风俗习惯来监管（ILO，2006–未发表）。

课程（curriculum）：指对教育或培训计划的目标、内容、期限、预期成果、学习和培训方法的详细说明（ILO, 2006）。

继续职业培训（continuing vocational training）：对已经完成基本或初步培训的人进行的进一步职业培训，以补充其已获得的知识或技能（ILO, 2013d）。

核心技能（core skills）：指工作和社会所需的非专业性、非技术性技能或能力。它们普遍适用于各种工作，而非针对某一职业或行业。核心就业能力包括与他人和团队合作的能力，解决问题和使用技术的能力，沟通能力以及学会学习的能力。核心技能又称通用技能、关键能力、关键技能、随身技能、软技能和可迁移技能（ILO, 2006）。

体面劳动（decent work）：这个词概括了人们在工作生活中的愿望——对机会和收入的愿望，对权利、发言权和认可的愿望，对家庭稳定和个人发展的愿望，对公平和性别平等的愿望。最终，体面劳动的这些不同层面是社区和社会和睦的基础。体面劳动体现在下列四个战略目标中：工作中的基本原则和权利与国际劳工标准，就业和收入机会，社会保护和社会保障，以及社会对话和三方主义（ILO, 1999）。

德尔菲法（delphi method）：这是一种分两轮或多轮进行的专家调查，在调查中，前一轮的结果被作为之后调查的反馈。

直接、间接和诱发性就业（direct, indirect and induced jobs）：直

接就业是指在所研究的活动中就业。间接就业是指由于所研究的活动而在供应商和价值链其他地方的就业。诱发性就业是指在更广泛的经济中，由受雇者直接或间接消费而产生的就业。

绿色经济或绿化经济（green economy or greening the economy）：为重构企业和基础设施的过程，旨在为自然、人力和经济资本投资提供更好的收益，同时减少温室气体排放、自然资源的开采和使用、浪费和社会差距（UNEP）。一些相关的术语，如"绿色增长"和"循环经济"，大体上都是指同一种范式。

绿色就业（green jobs）：即减少企业和行业对环境的影响，以最终达到可持续水平的就业。这一定义涵盖了农业、工业、服务业和行政管理中有助于保护或恢复环境质量的工作，同时也符合体面劳动的标准——足够的工资、安全的条件、工人的权利、社会对话和社会保护。它还包括与缓解和适应气候变化有关的活动（UNEP et al., 2008）。

绿色技术或清洁技术（green technology or clean technology）：指可提高生产的资源效率或能源效率，以最终达到可持续水平，并减少浪费或增加对无污染、可再生资源的使用的技术（Strietska-Ilina et al., 2011）。

非正规经济（informal economy）：指工人和经济单位的所有经济活动，这些活动在法律上或实践中没有被正规安排覆盖或覆盖不足。这些活动没有被列入法律，意味着它们可以在法律的正规范围之外开展；或者它们在实践中没有被覆盖，这意味着虽然它们可以在法律的正规范围内开展，但那只是因为法律没有被应用或执行；或者法律不鼓励遵守，因为这种遵从不合适，程序烦琐或会造成过高的费用（ILC, 2002）。

基础培训（initial training）：职业基础知识的就业前培训。它可以使学习者获得工作资格，或为专业化提供基础（ILO, 2006）。

投入产出表（input-output table）：用于详细分析商品和服务（产品）的生产和使用过程以及该生产中产生收入的一种手段。它们可以采用供给使用表的形式，也可以采用对称的投入产出表形式。供给使用表采用矩阵形式，记录不同种类的商品和服务供给是如何来自国内产业和进口，以及这些供给如何在包括出口的各种中间环节或最终用途之间分配。对称（投入产出）表是指在行和列中使用相同分类或单位（即相同产品或行业组）的表格（OECD, 2013b）。

工作（job）：指个人为某个特定雇主所完成或打算完成的一系列任务和职责，包括自营就业（Greenwood, 2008）。

低碳经济（low-carbon economy）：即尽量减少温室气体排放的经济。其基本目标是在保持能源安全、电力供应和经济增长水平不变的前提下，实现高能效，同时通过技术创新使用清洁能源和可再生能源（改编自 RSC, 2011）。

职业（occupation）：一种在各行各业中具有一套重复的主要任务和职责的工作分组。为了分类起见，根据所做工作类型的相似性，将职业归为狭义或广义的职业类别（Greenwood, 2008）。

行业技能委员会（sector skills council）：一个部门机构，通常由对本行业技能感兴趣的主要利益相关方的代表组成，其中包括雇主、工人代表、政府部委或机构以及该行业的教育和培训提供者，并由秘书处提供支持。具体职能包括技能预测，也参与设计资格证书和开发课程，协调利益相关方之间的合作，促进教育和培训创新，有时还涉及教育和培训的质量保证和筹资等领域。

技能（skill）：通过学习和实践获得的进行体力或脑力活动的能力。"技能"一词作为一个概括性术语，指的是完成特定任务或工作所需的知识、能力和经验（改编自 ILO, 2006）。

技能发展（skills development）：在广义上可理解为基础教育、基础培训和终身学习（ILO, 2000）。

绿色就业技能（skills for green jobs）：成功完成绿色就业任务（见上文定义）并使任何就业更绿色所必需的广义"技能"（见上文定义）。这包括核心技能和技术技能，涵盖了环境活动和棕色职业中有助于产品、服务和过程绿化的各类职业。

技能鸿沟（skills gaps）：指人力资源的供应与劳动力市场的要求

在性质上的不匹配。"技能鸿沟"存在于以下情况：现有劳动力的技能类型或水平不足以满足其商业目标，或新进入劳动力市场的人已经接受了职业培训并取得了资格，但显然仍缺乏所需的各种技能（NSTF, 1998; Strietska-Ilina, 2008）。

技能需求预测（skill needs anticipation）：指通过任何类型的方法对未来劳动力市场预期的技能需求进行的定量或定性前瞻性诊断，包括劳动力市场参与者之间的互动、交流和信息传递。

技能短缺（skills shortage）：一个概括性的术语，既指技能差距，也指劳动力短缺。技能短缺是指在可进入的劳动力市场上确实缺乏与所寻求的技能类型相适应的技术人员，并导致招聘困难（NSTF, 1998）。技能短缺的特点是雇主无法以现行薪酬水平招聘到具有所需技能的员工（EEO, 2001）。这可能是由于：基本缺人（当失业率很低时），严重的区域供给不平衡（劳动力市场上有足够的技术人员，但不易找到适合的工作），或合适的技术人员数量确实不足——无论是新进入者还是较高级别的技术职业（NSTF, 1998; Strietska-Ilina, 2008）。

SAM，社会核算矩阵（social accounting matrix）：以矩阵描述国民账户的一种方法，用以阐述供给使用表与机构部门账户之间的联系。社会核算矩阵对人在经济中的作用典型关注，可能会反映在对家庭部门的额外细分和对劳动力市场的分类表述上（即区分不同类别的就业人员）。（OECD, 2013a）

可持续发展（sustainable development）：在不影响后代满足其需求的前提下，满足当代人需求的发展。可持续发展的概念包括三个部分：经济发展、社会发展和环境保护，这三大支柱相互依存、相辅相成（UN, 1987; UN, 2005）。

职业技术教育与培训（technical and vocational education and training）：由学校、培训机构或企业提供的初步或继续教育与培训，以传授在任何经济活动领域的某一特定职业或一组相关职业中所需的技能、知识和态度（改编自 ILO, 2013d）。

扩张需求、替代需求和总需求（expansion demand, replacement

demand and total demand）：扩张需求衡量的是由于行业发展或由于某职业在行业中的重要性增加而导致的该职业就业人数的增加。替代需求衡量的是某职业的工人由于退休、移民或因其他方式离开该职业而净流出的需求。对工人的总需求是扩张需求和替代需求之和（US Department of Labor, 2013）。

　　定性研究（qualitative research）：用于深入了解过程和关系并回答原因以及途径的一种调查方法。通常情况下，掌握规模较小但重点突出的样本就足够了，因为结果没有统计学意义。

　　定量研究（quantitative research）：指"通过收集数据，用数学（特别是统计学）方法分析来解释现象"的一种研究。这类研究通常旨在回答"有多少"的问题，包括"在何时何地需要何种类型的数量？"这样的问题（Creswell, 1994）。

参考文献

Alarcón, J.; Ernst, C.; Khondker, B.; Sharma, P. D. 2011. Dynamic social accounting matrix (DySAM): concept, methodology and simulation outcomes: the case of Indonesia and Mozambique. Employment working paper, No.88 (Geneva, ILO).

Cedefop. 2012. Skills supply and demand in Europe. Methodological framework. Research paper No.25 (Luxembourg, European Centre for the Development of Vocational Training – Cedefop).

—. 2013. Piloting a European employer survey on skill needs Illustrative findings (Luxembourg, Publications Office of the European Union, file:/// C:/Users/Marcin/Downloads/5536_en%20(1).pdf).

Comhar SDC. 2010. Skills and training for a Green New Deal (Dublin, Comhar Sustainable Development Council).

Creswell, J.W. 1994. Research design: qualitative and quantitative approaches (London: SAGE Publications).

DACUM. 2013. DACUM archive and resource website-on-line resource for occupational analysis (www.dacum.org).

DHET. 2012. Guidelines: organising framework for occupations (OFO) 2012 (Department of Higher Education and Training, Republic of South Africa, http://www.dhet.gov.za/Publications/OFO%20Guideline%20-%202012. pdf).

EEO. 2001. Labour shortages and skill gaps. European Employment Observatory, spring review, 2001 (Birmingham, EEO Secretariat).

EGFSN. 2010. Future skills needs of enterprise within the green economy in Ireland (Dublin, Forfás).

Esposto, A. S. 2015 (forthcoming). Skills needs of emerging green jobs in the building and tourism industries in Thailand. Prepared for the ILO DWT (Bangkok, ILO).

Forfás. 2009. Developing the green economy in Ireland. Report of the High-Level Group on Green Enterprise (Dublin, Forfás).

GHK. 2010. Estimating green jobs in Bangladesh. Report prepared by GHK for the International Labour Organization (London, GHK).

GL Garrad Hassan. 2012. Training and skills needs for the wind industry in South Africa. (Pretoria, GIZ).

Greenwood, A. M. 2008. Updating the International Standard Classification of Occupations, ISCO-08 (Geneva, ILO Bureau of Statistics).

Gregg, C.; Jansen, M.; Von Uexkull, E. 2012. Skills for trade and export diversification (STED): A Practical guide (Geneva, ILO).

ILC. 2002. Resolution on Decent Work and the Informal Economy, Resolution and conclusions concerning decent work and the informal economy, International Labour Conference, 90th session, Geneva, 2002 (http://www.ilo.org/public/english/standards/relm/ilc/ilc90/pdf/pr-25res.pdf).

—. 2004. Recommendation concerning Human Resources Development: Education, Training and Lifelong Learning, International Labour Conference, 92nd session, Geneva, 2004.

—. 2008. Conclusions on skills for improved productivity, employment growth and development, International Labour Conference, 97th session, Geneva, 2008.

—. 2013. Achieving Decent Work, Green Jobs and Sustainable Development. Committee on Sustainable Development, Conclusions, International Labour Conference, 102nd session, Geneva, 2013.

ILO. 1999. Decent Work, Report of the Director-General, International Labour Conference, 87th Session, Geneva, 1999.

—. 2000. Conclusions concerning human resources training and development, International Labour Conference, 88th session, Geneva, 2000.

—. 2006. Glossary of key terms on learning and training for work (Geneva, ILO – unpublished).

—. 2011a. Comparative analysis of methods of identification of skill needs on the labour market in the transition to the low carbon economy (Geneva, ILO).

—. 2011b. Skills and occupational needs in renewable energy (Geneva, ILO).

—. 2011c. Skills and occupational needs in green building (Geneva, ILO).

—. 2012a. Working towards sustainable development: opportunities for decent work and social inclusion in a green economy (Geneva, ILO).

—. 2012b. Decent work indicators: concepts and definitions: ILO manual (Geneva, ILO).

—. 2012c. International Standard Classification of Occupations: structure, group definitions and correspondence tables, ISCO-08. Volume 1 (Geneva, ILO, http://www.ilo.org/wcmsp5/groups/public/---dgreports/---dcomm/---publ/documents/publication/wcms_172572.pdf).

—. 2013a. Key Indicators of the Labour Market (KILM) (Geneva, ILO, www.ilo.org/kilm).

—. 2013b. Skills for Green Jobs (Geneva, ILO, http://www.ilo.org/skills/projects/WCMS_115959/lang--en/index.htm).

—. 2013c (forthcoming). LDCs brief: Greening economies of least developed countries, the role of skills and training (Geneva, ILO)

—. 2013d. ILO Thesaurus (http://www.ilo.org/thesaurus/)

—. 2013e. Green jobs becoming a reality. Progress and outlook 2013 (Geneva, ILO).

—. 2013f. Identifying and estimating green jobs in Indonesia (Geneva, ILO).

—. 2013g. Methodologies for assessing green jobs. Policy brief (Geneva, ILO).

—. 2013h. Proposals for the statistical definition and measurement of green jobs, Room document 5, 19th International Conference of Labour Statisticians, Geneva, 2–11 October 2013.

—. 2015a. Guidance note: Anticipating and matching skills and jobs (Geneva, ILO)015

—. 2015b. Outcome of the Tripartite Meeting of Experts on Sustainable Development, Decent Work and Green Jobs. Governing Body, 325th Session, Geneva, 2015.

International Institute for Labour Studies. 2011. Towards a greener economy: the social dimension (Geneva, ILO).

Jarvis, A.; Varma, A.; Ram, J. 2011. Assessing green jobs potential in developing countries. A practitioner's guide (Geneva, ILO).

Kriechel, B.; Wilson, R.A.; Bakule, M.; Czesana, V.; Havlickova, V.; Rasovec, T. 2016 (forthcoming). Guide to skills anticipation and matching – volume 2: Developing skills foresights, scenarios and forecasts (Luxembourg, Cedefop, ETF and ILO).

NSTF. 1998. Towards a national skills agenda. First report of the national skills task force (Sheffield, Department for Education and Employment, United Kingdom).

OECD. 2013a. Glossary of statistical terms (http://stats.oecd.org/glossary/index.htm)

—. 2013b. Input-output tables (www.oecd.org/sti/inputoutput)

OneWorld Sustainable Investments. 2010. Skills for green jobs in South Africa, background country study (Geneva, ILO Skills and Employability Department, http://www.ilo.org/wcmsp5/groups/public/@ed_emp/@ifp_skills/documents/publication/wcms_142475.pdf)

Pollin, R.; Garrett-Peltier, H. 2009. Building the green economy: employment effects of green energy investments for Ontario (Amherst, Political Economy Research Institute, University of Massachusetts).

Pollitt, H.; Alexandri, E.; Lee, T.; Na, S.; Barker, T.; Chewpreecha, U. 2014. Using carbon tax revenues to invest in human capital, presentation at the 5th Global Conference on Environmental Taxation, Pavia, September 2014.

RSC. 2011. "Tackling climate change by shifting to a low-carbon economy", in: Building a low carbon economy: A handbook for European regions, online version, Regions for Sustainable Change (http://www.rscproject. org/indicators/index.php?page=tackling-climate-change-by-shifting-to-a-low-carbon-economy).

Rutovitz, J.; Atherton, A. 2009. Energy sector jobs to 2030: a global analysis, prepared for Greenpeace International by the Institute for Sustainable Futures (Sydney, University of Technology)

Stoevska, S.; Elezi, P.; Muraku, E. 2014. Report on the pilot project towards developing statistical tools for measuring employment in the environmental sector and generating statistics on green jobs. (Geneva, ILO, http://www.ilo.org/wcmsp5/groups/public/---dgreports/---stat/documents/presentation/wcms_329511.pdf)

Strietska-Ilina, O. 2008. "Skills shortages", in: Modernising vocational education and training in Europe: background report, fourth report on vocational education and training research in Europe (Luxembourg, Cedefop)

Strietska-Ilina, O.; Hofmann, C.; Haro, M.D.; Jeon, S. 2011. Skills for green jobs: a global view. Synthesis report based on 21 country studies (Geneva, ILO and Cedefop).

UN. 1987. Report of the World Commission on Environment and Development: Our Common Future, document A/42/427, Annex (New

York, United Nations).

—. 2005. 2005 World Summit Outcome, General Assembly resolution 60/1, adopted on 16 September 2005 (New York, United Nations).

UNEP, ILO, IOE, ITUC. 2008. Green jobs: Towards decent work in a sustainable, low-carbon world (Geneva, UNEP, ILO, IOE, ITUC).

United States Department of Labor. 2013. O*NET Online (http://www. onetonline.org/).

Urge-Vorsatz, D., et al., 2010. Employment impacts of a large-scale deep building energy retrofit programme in Hungary (Budapest, Centre for Climate Change and Sustainable Energy Policy, and The Hague, European Climate Foundation).

附件 《关于绿色就业所需技能的整体经济国别定性报告的建议结构》

下文转载的是整体经济的定性概览模板，该模板被用于为国际劳工组织－欧洲职业培训发展中心绿色就业所需技能研究项目开展的国家研究。现有的国家研究报告和全球综合报告见 http://www.ilo.org/skills/projects/WCMS_115959/lang--en/index.htm（ILO, 2013b）。此后，该模板帮助其他几个国家编写了它们关于绿色就业所需技能的研究报告，并已被证明有用。

摘　要

执行概要

引　言

简要说明了研究目的、开展研究的具体方法、所咨询的机构和专家、面临的困难和需要考虑的研究局限性等。

2. 政策背景

2.1　绿色经济的关键挑战和优先事项

本小节应提供非常简明的背景资料，以作为进一步分析的起点。它应指出推动某国绿色对策并影响该国经济、就业和劳动力市场的重大气候变化和环境问题。

简述该国在缓解和适应气候变化以及应对环境退化方面的主要挑战和优先事项。简要地介绍该国绿色经济的发展情况。您可以根据与该国相关的有限关键指标进行分析，例如：

- 生态足迹的数量和趋势（见《全球环境展望》），
- 人均能源生产和人均国内生产总值（见国际能源署），
- 人均用电量和人均国内生产总值（见国际能源署），
- 能源使用／生产的构成，
- 人均废弃物产量（见《全球环境展望》），
- 人均二氧化碳（见《联合国气候变化框架公约》或国际能源署），
- 土地退化／农业土壤退化／荒漠化的速度，
- 森林砍伐率，
- 与能源和可再生能源有关的研究和开发（见国际能源署），
- 环境相关问题、新技术和创新的研发预算／支出（公共／私人）在整个研发预算／支出中的份额，
- 人均淡水用量和人均国内生产总值，
- 保护生物多样性的现有方案（《生物多样性公约》）等。

一些有用的资源：

- 《全球环境展望》：http://geodata.grid.unep.ch/results.php
- 国际能源署：http://www.iea.org/countries/
- 《联合国气候变化框架公约》：http://unfccc.int/ghg_data/ghg_data_unfccc/items/4146.php

2.2 应对战略

2.2.1 总体环境战略

本小节应简要介绍国家总体战略、应对气候变化和环境退化的适应和缓解措施，并提及国家的关键战略、政治和方案文件。

为防止环境退化，遏制和适应气候变化和全球绿色经济的号召，国家有哪些战略发展对策？这些战略是否具有技能影响？是否包括技能发

展成分？

2.2.2 应对当前经济危机的绿色对策

本节应简要介绍在应对当前经济危机的国家战略中的绿色成分。

国家应对当前经济危机的措施是否包括绿色经济举措？是否针对绿色投资和刺激措施（如更绿色的基础设施和可再生能源）？这传达了哪些技能含义？

危机应对战略是否包括技能发展成分？

2.3 应对绿化的技能发展战略

本节涉及技能发展战略，并作为国家应对气候变化和环境退化的连贯政策的一部分。它侧重于政策的连贯性、互补性、相关性和协调性。

是否且如何将技能应对战略纳入更大的绿化政策议程？是否有针对绿色经济技能需求的连贯的国家战略／政策？国家人力资源开发战略在提供绿色就业所需技能方面的主要驱动力是什么——市场适应还是绿化政策议程，即国家人力资源开发战略是市场驱动还是环境政策驱动？技能确定在战略制定中的作用是什么？

在绿色经济的背景下，技能发展政策和战略是否与工业、贸易、技术、宏观经济和环境政策相协调和联系？果真如此，则：建立何种协调机制（如部际协调、劳动力市场情报／信息系统、雇主和培训系统间的地方反馈机制；价值链；集群和行业网络），它们将如何发挥作用？

社会对话在促进绿色经济的技能发展中的作用是什么？

阻碍向绿色经济转型的技能发展方面的最大体制障碍是什么？

哪些级别和类型的教育与培训是提高全民绿色技能的关键：义务教育阶段、初等普通教育、初等职业技术教育与培训、继续职业培训还是高等教育？企业管理教育和培训在促进可持续创业方面有什么作用？领导力、沟通能力和问题解决能力等通用技能在绿色就业技能提供中的重要性如何？教育和培训系统是否遵循将可持续性和环境保护问题纳入其主流的战略？

3. 技能预测和提供

3.1 绿色结构变革和（再）培训需求

本节及其所有分节涉及由以下方面产生的（再）培训需求：

- 由于气候变化和经济绿化的要求——即绿色结构变革（如建筑业、农业、能源业），行业内和行业间的主要就业转变和经济活动，以及；
- 确定由于劳动力市场的绿色结构变革而过时的技能、行业和职业（如渔业、煤矿业、石油和天然气生产）。

3.1.1 绿色结构重组及其对劳动力市场的影响

本小节涉及绿色结构变革引起的就业变化和就业发展趋势。它将确定具有主要就业增长潜力的行业和经济活动，以及衰退行业和经济活动中的贸易和相关技能。

确定与您所研究的国家的经济最相关并具有重大就业增长潜力的绿色就业的行业/经济活动（一般指导意见参阅附件1）。

确定在环境退化、气候变化或环境政策背景下将会过时或已经过时的衰退行业/经济活动中的行业和相关技能（如渔业、煤矿业、石油和天然气生产）。衰退的根源是什么——为什么对这些行业和技能的需求会下降？这种变革是由政策、技术实施、创新还是环境压力推动的？

分析当前和估计未来因绿色结构变革而导致的就业转变和趋势。在评估就业潜力时，要考虑到直接和间接就业，并按职业、贸易和行业、经济活动分类。尽可能提供定量的趋势分析。

3.1.2 确定（再）培训需求

本小节涉及在确定主要就业转变（当前和预测的）和上一小节概述的绿色结构变革的基础上的（再）培训需求。它还包括确定（再）培训需求的方法和工具。

概述上一小节所分析的因重大就业转变和绿色结构变革而产生的当前和未来（再）培训需求。如何确定这些（再）培训需求？采用哪些技能预测和评估的方法和途径？

说明定量和定性的方法和确定层面，即国家、行业、次国家、公司和培训机构等。详细说明方法，解释建模并提供工具——如问卷调查等。该方法是寻求确定当前技能需求还是中长期需求？请作详细说明是否针对特定的目标群体（青年、妇女、农村人口等）？

说明哪些机构／系统负责确定技能需求（如劳动力市场信息系统、具体的研究和／或数据收集机构、各部委的部门、次国家或行业机构等）？

3.1.3   技能对策

本小节分析了为应对绿色经济结构重组的挑战而采取的技能对策（再培训、职业技术教育与培训）的有效性和组织情况，并特别关注积极的劳动力市场政策措施、初级和继续培训的规划、体制框架、系统规定、交付渠道、临时与预期的技能对策以及不同行为者和提供者的技能对策。

是否有特别的技能发展方案来减轻影响（失业工人、提升技能的需要等）？它们的交付／供应渠道是什么？这些方案的资金是如何筹措的？这些方案从何时开始实施？实施了多久？

有多少人接受了培训，在哪些领域接受培训？有多少人找到了工作，或者可以留在其原有职位上？

3.1.4   案例研究

请提供说明性的案例研究，说明作为积极的劳动力市场政策措施的一部分，对因劳动力市场的绿色结构变革而被裁减的工人进行再培训的情况。你也可以选择将再培训作为绿色危机对策的一部分。请尽量按照上述 3.1 节及其小节的结构进行。

3.2   全新且持续变化的技能需求

本节及其后续各小节讨论了在绿色经济背景下新兴绿色职业的技能需求，以及现有职业的新的和不断变化的技能需求（技能差距）。在确定和分析技能需求时和在案例研究中，有必要区分（ⅰ）被动补救的环境措施和（ii）积极主动措施的技能需求。

3.2.1 新兴绿色职业

本小节涉及因适应气候变化和减轻其负面影响而新兴的绿色职业。这类职业是劳动力市场上的新职业，这意味着实际变革是最近发生或正在发生的，无论这类职业是否已被列入或将来可能被列入国家职业目录。

这类职业可以是新职业，也可以是"混合"职业（如农业气象学家、太阳能工程师、生物能源技术人员、能源评估人员、绿色会计师）。

这些新兴绿色职业集中在哪里？这些新兴绿色职业集中在哪些行业、企业（中小企业与大企业、农村与城市、全国与外国 / 多国）和次国家地区等？如有可能，请提供对目前从事这类职业的劳动力的数量估计（绝对和相对）以及对未来的变革预测。

技术变革与创新对新兴职业需求的作用是什么？预期的学历和受教育程度是什么？

在绿色经济方面，国内哪些新兴绿色职业需求量最大？

在分析中考虑哪些现有职业和资格可以为新兴绿色职业提供劳动力。需要哪些技术技能、通用技能和能力？讨论新兴绿色职业的性别构成及其影响。

如有新兴职业清单，请在附件中提供。如有职业简介，请在附件中提供。

3.2.2 现有职业的绿色化

本小节涉及需要被纳入现有职业概况的新型技能、能力和技能差距（即现有职业的绿色化，如手工艺和零售业的咨询服务、绿色采购、提高能源效率和生命周期分析的新技能）。为了划定分析范围并更好地突出重点，建议解决国内绿色化潜力最大的主要行业的关键职业的技能差距。

现有的哪些职业趋于绿色化？未来前景如何——哪些职业有望变成绿色职业？它们集中在哪些行业和企业（中小企业与大企业、农村与城市、全国与外国 / 跨国）？哪些工人倾向于变成绿领、蓝领或白领工人?

期望获得什么资格和受教育水平？对技能水平的期望是更高、相同还是更低？技术变革和创新对新技能需求的作用是什么？需要哪些技术技能、通用技能和能力？讨论性别构成及其影响。

该国在绿色经济方面最大的技能差距在哪里？哪些技能和资格的供给短缺是导致经济绿色化的劳动力市场出现瓶颈的原因？如有可能，请提供对目前短缺劳动力数量的估计（绝对和相对）以及对未来的变革预测。

如有新兴职业清单和简介，请在附件中提供。

3.2.3　确定技能需求

本小节论述了确定绿色就业的劳动力市场上当前和未来技能需求的方法、途径、系统和体制责任。

如何确定新职业和新技能需求？请详细说明方法，并说明附件中使用的评估和建模方法、相关图表、调查问卷和其他工具。确定在技能预测和评估方面采用了哪些方法和途径，以确保所提供的技能在定量、定性以及不同层面（即国家、行业、次国家、企业和培训机构）上符合当前和未来劳动力市场对绿色工人的需求。

说明哪些机构/系统负责确定技能需求（如劳动力市场信息系统、具体的研究和/或数据收集机构、各部委的部门、次国家或行业机构等）。劳动力市场信息系统是否考虑到绿色就业？如果是，如何考虑？

有哪些系统和制度安排可用于尽早确定技能需求，并将调查结果转化为职业概况、课程表设计以及为新兴绿色职业提供的教育和培训？体制的作用和责任是什么？涉及哪些行为者？政府（如劳动部、教育部和部际机构）、企业和社会伙伴在这一过程中的作用是什么？

3.2.4　技能对策

本小节分析了与经济绿色化挑战相关的技能对策的有效性和组织情况，并特别关注初级和继续培训的规划、体制框架、系统规定、交付渠道、临时与预期的技能对策以及不同行为者和提供者的对策。

教育和培训系统如何应对已确定的技能需求？是否制定了新的课程/职业标准？在哪些研究领域？教育和培训机构如何处理课程表开发

问题？

目前在技能提供方面的主要应对渠道是什么：初级职业技术教育与培训、继续职业培训、积极的劳动力市场政策实施中的培训措施、企业支持的在职培训或其他形式培训等。谁来提供所需的技能？主要由企业来组织技能提升课程，还是私人/公共培训机构也提供这些技能课程？在哪些领域的培训？

鉴于对未来培训需求的估计，满足这些需求的教育和培训能力是否足够？企业是否认为所提供的培训能够满足它们为绿色生产过程、服务和产品提升/准备劳动力的需求？

应该用什么机制来应对这些新的技能需求？企业与教育培训体系之间是否建立了反馈机制？该机制是如何运作的？如何传达未来技能需求的变革并将之及时转化为相关技能的供给？

涉及哪些行动者？（各部门、劳动力市场观察站、技能委员会、商业协会等）

技能发展对策的效果如何？已经培训了多少人？有多少人找到了工作？企业对现有的教育/培训计划是否满意？

3.2.5 新兴绿色职业的案例研究

请按照以下结构提供关于新兴绿色职业的说明性案例研究：

- 选择一个新兴绿色职业的例子；
- 描述该职业的起源和状况（行业、企业类型、次国家地区、目前从事该职业的劳动力数量及其按年龄、性别和资格/受教育程度分类的构成以及对该职业需求未来增长的估计等）；
- 分析新兴职业的技能差距；
- 说明如何以及由谁确定需求（方法、体制责任、信息流等）；
- 分析技能提供以及教育和培训系统为该职业提供技能的潜力（可采用哪些课程和培训方案？）；
- 分析这种情况下的技能对策（详细说明政策/法律框架和决策水平）。评估政策应对是否充分；
- 说明针对已确定需求的技能提供。评估过程的有效性。

3.2.6　现有职业绿色化的案例研究

请提供关于现有职业绿色化的说明性案例研究，并在选择职业时遵守以下标准：

- 在减少温室气体排放或不可再生资源方面的绿色化潜力；
- 对促进社区适应能力的贡献；
- 技能发展记录；
- 对国民经济的贡献和作为就业来源。

请按照以下结构进行每个案例研究：

- 选择一个现有职业的例子，该职业通常因应对经济需求而"绿色化"；
- 描述该职业绿色化的起源和情况（这是一个大规模的过程吗？绿色化是否关系到现有职业的很大一部分？技术变革和创新的作用是什么？行业、企业类型和次国家地区是什么？在可能的情况下，详细说明已经从事该职业的绿色化版本的现有劳动力的数量，劳动力按年龄、性别和资格/受教育程度分类的构成情况；未来几年将转入该职业的绿色化版本的劳动力数量预计等）；
- 分析职业绿色化的技能差距；
- 说明如何以及由谁确定需求（方法、体制责任、信息流等）；
- 分析技能提供以及教育和培训系统为该职业的绿色化提供技能的潜力（可采用哪些课程和培训方案？）；
- 分析这种情况下的技能对策（详细说明政策/法律框架和决策水平）。评估政策应对是否充分；
- 说明针对已确定需求的技能提供。评估过程的有效性。

4. 结论

结论应基于对国家研究的整体研究，即文献综述、数据分析、实证研究（包括访谈、专题小组、案例研究）等。

经济和劳动力市场的主要"绿色化"转变。

4.2　技能影响和发展

4.2.1　预测和确定技能需求

4.2.2　应对政策和方案

4.2.3　有效的交付机制

5. 建议

5.1　政策建议

5.2　教育和培训建议

5.3　关于进一步研究和数据收集的建议

译后记

翻译，讲究一个"信达雅"。信、达，要真正做到，已是很难。但最难的，是雅。国际劳工组织的《绿色就业的技能需求预测实用指南》是一篇研究报告——此类翻译要做到雅就更难。因为科研报告讲究的是科学性、准确性。因此，在报告的翻译过程中，译者主要追求"信和达"的翻译原则，雅其次。

今天，全球气候变化日趋明显——环境污染、臭氧层被破坏、全球变暖、两极冰川融化速度加快、海平面持续上升……飓风海啸、洪涝干旱、森林大火……各种各样的自然灾害频发。人类的生存环境在恶化。尽管如此，环境保护意识并没有在全球范围内普遍形成。无论如何，可以预见的是，绿色经济、绿色发展的道路，必将成为人类的最终选择，乃至唯一选择。

在此背景下，国际劳工组织发表了助力绿色发展的报告，对于世界各地和全人类都具有重大的意义和价值。人们可以依据报告提出的预见，提前准备未来社会绿色发展所需的基本技能，以适应未来世界的劳动力市场，实现绿色就业，为人类绿色家园建设贡献绵薄之力。同样，基于为绿色发展贡献力量的认识，译者选择翻译此报告，渴望能为人类绿色家园的建设添砖加瓦。

译者要感谢国际劳工组织及其专家们的不懈努力，特别感谢深圳职业技术学院联合国教科文组织亚非中心主任杨文明教授的帮助和指导，感谢深圳职业技术学院的钟卓雅女士为本项目所做的精心组织工作。感谢商务印书馆的编辑，是他们的辛勤工作，才使得此报告中译本得以在中国面世。感谢华南师范大学职业教育学院的研究生魏宗琴、潘静娴、李敏琴、陈彤彤、叶新月，她们在本报告的校对中做出积极贡献。感谢所有为此报告及其中译本作出贡献的人。

　　鉴于译者水平所限，难免出现翻译错误之处。还望方家海涵并指出。

何　东

2022 年 8 月 31 日于佛山南海

图书在版编目(CIP)数据

绿色就业的技能需求预测实用指南 / 国际劳工组织
组织编写；(爱尔兰)孔·格雷格等著；何东译. — 北
京：商务印书馆，2023
ISBN 978-7-100-21029-4

Ⅰ．①绿… Ⅱ．①国… ②孔… ③何… Ⅲ．①劳动就
业—可持续性发展—世界—指南 Ⅳ．①F249.1-62

中国版本图书馆CIP数据核字(2022)第063479号

权利保留，侵权必究。

绿色就业的技能需求预测实用指南
国际劳工组织 组织编写
(爱尔兰)孔·格雷格 等 著
何东 译

商 务 印 书 馆 出 版
(北京王府井大街36号 邮政编码100710)
商 务 印 书 馆 发 行
艺堂印刷(天津)有限公司印刷
ISBN 978-7-100-21029-4

2023年11月第1版　　　　开本710×1000　1/16
2023年11月第1次印刷　　　印张9½

定价：55.00元